1001 idées
de rideaux

GINA MOORE

1001 idées
de rideaux

 **Broquet**

97-B, Montée des Bouleaux, Saint-Constant, Qc, Canada, J5A 1A9
Internet : www.broquet.qc.ca Courriel : info@broquet.qc.ca
Tél. : 450 638-3338 Téléc. : 450 638-4338

Catalogage avant publication de Bibliothèque et
Archives nationales du Québec et Bibliothèque et Archives Canada

Moore, Gina

   1001 idées de rideaux

   (L'encyclopédie du bricolage)
   Traduction de: Window style bible.
   Comprend un index.

   ISBN 978-2-89654-000-6

   1. Rideaux. 2. Stores. 3. Décoration intérieure -
Accessoires. I. Titre. II. Titre: Mille et une idées de rideaux. III. Collection: Encyclopédie du bricolage (Boucherville, Québec).

   TT390.M6614 2008   747'.3   C2008-940892-6

Pour l'aide à la réalisation de son programme éditorial, l'éditeur remercie :
Le gouvernement du Canada par l'entremise du Programme d'aide au
    développement de l'industrie de l'édition (PADIÉ) ; la Société de déve-
    loppement des entreprises culturelles (SODEC) ; l'Association pour
    l'exportation du livre canadien (AELC).
Le gouvernement du Québec – Programme de crédit d'impôt pour l'édi-
    tion de livres – Gestion SODEC.

Titre original : *The window Style Bible*
Copyright © 2008 Marshall Editions

Marshall Editions
The Old Brewery
6 Blundell Street
London N7 9BH

Pour version francaise :

Copyright © Broquet inc., Ottawa 2008
Dépôt légal — Bibliothèque nationale du Québec
3ᵉ trimestre 2008

Traduction Claude Dallaire
Révision Marcel Broquet, Andrée Laprise
Infographie Chantal Greer, Sandra Martel

Imprimé en Chine

ISBN 978-2-89654-000-6

Introduction   6

Introduction

Essayez de vous représenter une maison sans fenêtres...
C'est impossible! Au mieux, cela équivaudrait à une grange,
une usine ou un entrepôt. Une maison – votre maison – doit
être pourvue de fenêtres. D'un point de vue pratique, les
fenêtres permettent à la lumière et à l'air frais de pénétrer,
mais elles agissent aussi à un autre niveau. Elles représentent
littéralement notre ouverture sur le monde, notre lien avec
l'extérieur. En regardant à travers une fenêtre, nous obtenons
une idée du temps qu'il fait, de l'heure de la journée et de
l'évolution des saisons. Les fenêtres nous relient aux voisins
et à notre voisinage et d'une certaine manière, à l'univers situé
au-delà du seuil de notre porte.

Dans la plupart des pièces, les fenêtres constituent un pôle d'attraction.
Lorsque vous pénétrez dans une
pièce vide, vous sentez aussitôt votre
regard se diriger instinctivement vers
les fenêtres. Notre façon de parer une
fenêtre détermine grandement le style
et l'ambiance d'une pièce. Le style et
la forme des stores ou des rideaux, la
couleur, la texture et le modèle de tissus
utilisé ainsi que le choix d'accessoires et
de quincaillerie sont tous des éléments
essentiels à la décoration. Par ailleurs,
votre choix d'ornements reflète une
bonne partie de votre personnalité, de
vos goûts et de votre mode de vie. Les

possibilités créatrices sont illimitées. La
plupart du temps, elles ne dépendent
que de votre imagination.

Les décisions qui entourent le
choix d'un parement de fenêtre s'ins-
pirent aussi de considérations pratiques: de l'usage prévu de la pièce,
que ce soit la cuisine, la salle familiale
ou la salle à manger traditionnelle;
de la forme ou du style architectural
de la fenêtre; du style et de la couleur de l'ameublement de la pièce;
des matériaux disponibles et, bien
entendu, de votre budget.

Dans cet ouvrage, nous aborderons
les aspects qui entourent le parement

Dans cette salle de séjour claire et ensoleillée, des stores romains non doublés atténuent l'intensité
de la lumière naturelle. Les fleurs brodées à la hauteur du rebord de la fenêtre sur les rideaux de
soie constituent une touche originale qui équilibre l'ensemble.

d'une fenêtre et nous vous démontrerons qu'il est possible, en considérant bien les options qui s'offrent à vous, de choisir le style qui convient le mieux à votre fenêtre, à votre maison et à vous. Afin d'illustrer la myriade de styles disponibles, les chapitres sont déclinés en huit styles distincts : contemporain, classique, éclectique, romantique, rustique, rétro, international et enfin, pour enfants. Chaque chapitre vous démontrera de manière détaillée comment harmoniser votre style de prédilection à différents types et à différentes formes de fenêtres. Vous apprendrez ainsi comment atteindre vos objectifs de décoration, peu importe le style architectural de votre maison.

Historique

Jusqu'à la fin du 16e siècle, l'utilisation des textiles en décoration intérieure se limitait surtout aux draperies suspendues aux murs et autour du lit. Les tapisseries

et les étoffes somptueusement brodées ne paraient jamais les fenêtres. Elles servaient plutôt d'ornements disposés de façon élaborée sur le pourtour d'immenses lits à colonnes. Ce type de parement était sans doute destiné à contrer les courants d'air, mais il témoignait aussi de la richesse et de la classe sociale de ses occupants. Le lit d'Henry VIII et d'Anne Boleyn par exemple mesurait 3 x 3 m !

En Europe, l'idée de suspendre une paire de rideaux devant les fenêtres ne devint courante qu'à partir du 17e siècle. Le style variait selon le niveau d'extravagance des cours du Roi. En plus d'être influencé par les avancées techniques dans l'art de la production textile, le style bénéficia également de l'essor économique du commerce mondial engendré par la circumnavigation du globe ainsi que de l'expansion de nouvelles colonies. Le style du 18e siècle s'inspira des excès de la cour du roi de

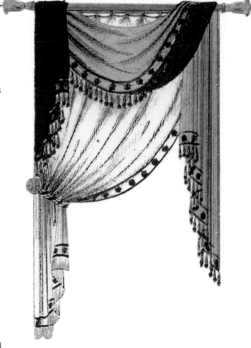

Ci-dessus : une draperie de style asymétrique avec feston, qui date de l'époque du style *Empire* du début du 19e siècle. La décoration intérieure fut fortement influencée par la campagne d'Égypte de Bonaparte.

À gauche : l'opulence des draperies démontrait la richesse et le statut des occupants de ce lit à colonnes.

Ci-dessous : un style de parement détaillé de l'époque victorienne. La mode était de superposer plusieurs couches de rideaux.

France, Louis XIV, et des innovations implantées par l'industrie hautement qualifiée du tissage de la soie établie à Lyon. Au début du 19e siècle, la campagne d'Égypte du général Bonaparte contribua à incorporer certaines touches artistiques moyen-orientales au style *Empire* de cette époque.

Au 19e siècle, la classe moyenne voulut étaler son aisance en optant pour une facture flamboyante aux ornements multiples. Ce style était souvent caractérisé par des superpositions de rideaux – dont des voilages froncés – par des rideaux plus légers qui étaient tirés, ainsi que par de lourds rideaux décoratifs ornés de passementeries élaborées, de cantonnières et de bandeaux exagérément festonnés. Cet attrait pour le foisonnement atteignit des proportions démesurées vers la fin de l'époque victorienne, alors que les tissus recouvraient toutes les surfaces, des entrées de portes aux manteaux de cheminée.

Vers la fin du 19e siècle, un Anglais du nom de William Morris amorça le mouvement artistique *Arts et artisanat* (Arts & Craft). En réaction au style ostentatoire, l'esthétique de ce mouvement prônait un retour aux sources. Il s'inspirait d'un médiévalisme romancé caractérisé par des modèles textiles naturalistes simplifiés et des parements de fenêtres beaucoup moins élaborés. Même si les principes stricts de Morris ne firent pas l'unanimité, son influence sur le style de la décoration intérieure fut remarquable.

Le 20e siècle fut témoin d'une progression constante de styles qui coïncidèrent souvent avec des périodes analogues dans le domaine des arts et de la mode, en commençant par le naturalisme romantique et stylisé de l'*Art nouveau* du début de ce siècle. La période *Art Deco* des années 1920 et 1930 fut influencée par les tendances en architecture et en art moderne. Ces tendances se propagèrent par l'entremise d'un nouveau médium, le cinéma, autant à travers l'architecture des nouvelles salles disséminées dans toutes les villes de l'Amérique que par le style hollywoodien illustré par les films. L'austérité de l'ère utilitariste des années 1940 céda au modernisme optimiste

des années 1950 et à l'exubérance du *pop art* des années 1960 et 1970. Le boom économique des années 1980 incita les masses à consommer de manière plus ostentatoire, ce à quoi le minimalisme des années 1990 constitua une réponse directe.

En ce début de 21e siècle, nous nous retrouvons dans une position enviable. Nous pouvons piger dans une variété de styles influencés par l'art et la technologie, par les différentes périodes de l'histoire, ainsi que par les styles ethniques de partout à travers le monde.

Ci-dessus : un modèle classique de tissu imprimé conçu par William Morris et qui date de la seconde moitié du 19e siècle. L'intérêt de Morris pour la période médiévale influença son style.

À gauche : une pièce conçue selon le style *Art deco* des années 1920 et 1930, qui fut à son tour influencé par les tendances dans le domaine de l'art moderne et du cinéma.

La lumière

La fonction première d'une fenêtre est de laisser pénétrer la lumière naturelle. Nous pouvons toutefois modifier cette fonction avec des stores ou des rideaux, mais il faut d'abord considérer le type de lumière disponible et la manière dont vous souhaitez vous en prévaloir ou la modifier. De prime abord, cela dépend de l'emplacement géographique. Durant l'été, vous voudrez peut-être filtrer la lumière pour ainsi mieux contrôler la température à l'intérieur et vous prémunir de la chaleur intense du soleil. Des voilages opaques peuvent diffuser la brillance de la lumière, alors que des volets ou des stores munis de persiennes peuvent contrôler l'angle de la lumière et créer une ambiance plus feutrée.

Durant les saisons grises et froides, nous aimons profiter de la moindre lumière disponible, mais il faut tenir compte aussi de la perte de chaleur et de l'efficacité énergétique. Les rideaux doublés que l'on tire à la tombée du jour pour retenir la chaleur et ajouter une touche intime à l'ambiance doivent s'ouvrir aisément durant le jour pour laisser pénétrer un maximum de lumière. Si vous installez un bandeau ou une cantonnière, songez d'abord à la quantité de lumière que vous perdrez si ces parements surplombent trop le haut de la fenêtre.

L'orientation d'une fenêtre influence aussi l'apport de lumière. Une pièce orientée vers le sud jouit d'une luminosité directe et plus chaleureuse, voire intense, à la limite. En contrepartie, une pièce orientée vers le nord est plus fraîche, avec une lumière plus diffuse. Les pièces orientées vers l'est bénéficient de la lumière surtout le matin, alors que celles orientées vers l'ouest profitent davantage de la lumière en fin de journée.

L'usage prévu d'une pièce joue un rôle dans la manière dont nous disposons de la lumière. Une cuisine, par exemple, tire

Ci-dessus : la lumière qui pénètre par une fenêtre orientée vers le nord est froide et indirecte.

À droite : une aile orientée vers le sud inonde la pièce d'une lumière du soleil brillante et directe.

profit d'une lumière naturelle abondante. Des stores qui s'enroulent pour dégager l'ouverture de la fenêtre constituent un bon choix de parement. Dans un bureau, la possibilité de filtrer ou de rediriger la lumière des écrans d'ordinateur pourrait être envisagée, et dans cette éventualité, des vénitiennes pourraient être une bonne solution. La chambre à coucher doit être confortable et sombre durant la nuit. Aussi, vous pourriez opter pour des rideaux de pleine longueur assortis d'un bandeau ou d'une cantonnière.

flexibilité pour contrôler la lumière à différents moments de la journée et au fil des saisons.

La fonction

Après avoir abordé l'aspect de la lumière, il faut considérer les autres fonctions comblées par la fenêtre et le choix de parement. Certaines fenêtres offrent une vue imprenable – en ville ou à la campagne – et en tant que telles, ne sont qu'accessoires. Des stores qui s'enroulent jusqu'en haut ou quelconque autre parement minimaliste sont peut-être les seuls éléments requis. D'autres fenêtres, cependant, s'ouvrent sur un aspect du monde moins alléchant – tels une rue bruyante ou un mur de briques. Ici, le parement de fenêtre doit agir comme un écran entre l'intérieur et l'extérieur. Des panneaux translucides ou en dentelle jumelée à des rideaux lourds munis d'ornements élaborés ou de tissus somptueux agissent non seulement comme un filtre, mais ils détournent aussi l'attention dirigée vers le spectacle déprimant à l'extérieur et le ramènent à l'intérieur.

En ce qui a trait à l'intimité et à la sécurité, il est important de bien voir vers l'extérieur, mais ne donnez pas la possibilité aux passants trop curieux d'entrevoir ce qui se passe à l'intérieur de votre maison. Des panneaux en dentelle ou de tissus translucides, des rideaux brise-bise ou pleine longueur laissent tous pénétrer la lumière tout en préservant votre intimité. Le soir, lorsque les lumières de l'intérieur sont allumées, des panneaux translucides ne peuvent plus garantir votre intimité. Dans certains cas – pour une chambre à coucher ou une salle de bains, par exemple – il est plus pratique d'installer un volet roulant que l'on peut aisément descendre ou monter au besoin, que de s'importuner avec des rideaux encombrants.

À droite : ce store conçu à partir d'un tissu « solaire » semi-transparent de haute technologie atténue la chaleur et la lumière, protège l'ameublement et rafraîchit la pièce.

L'aspect de la sécurité doit aussi tenir compte du système de verrouillage, et ce, surtout lorsque êtes absent de la maison. Si des volets et des barres de sécurité sont requis, assurez-vous de ne pas les rendre inaccessibles par des parements de fenêtre trop élaborés. Par contre, les barres de sécurité ne sont pas très esthétiques. Vous voudrez peut-être les dissimuler par une façade de tissus plus attrayants.

Durant l'hiver, une partie importante de la fonction remplie par les parements de fenêtres consiste à isoler la pièce. Le courant d'air qui s'infiltre par les fentes des portes et des fenêtres, ainsi que la chaleur qui se dissipe par les carreaux peuvent être atténués par deux pans de rideaux doublés bien conçus. Des doublures isolantes peuvent même accroître l'efficacité de vos rideaux à cet égard. À l'inverse, vous devez penser à évacuer la

Évidemment, les goûts diffèrent. D'aucuns préfèrent ouvrir l'œil dans une pièce qui baigne dans la lumière. D'autres peinent à s'endormir si la source de lumière n'est pas obstruée par de lourds rideaux doublés ou des rideaux d'obscurcissement. L'ambiance entre aussi en ligne de compte. Parfois, nous aimons profiter de la lumière naturelle alors qu'à d'autres moments, nous souhaitons la diffuser et la moduler pour créer une atmosphère plus intime ou propice à la détente.

Autrement dit, avant d'arrêter votre choix de parement, portez une attention particulière à la qualité et à la quantité de lumière qui pénètre par la fenêtre. En réa-lité, c'est souvent un amalgame de stores, de voilages et de rideaux doublés qui offrent la meilleure

d'un autre mur. L'une d'entre elles consiste à choisir des stores au lieu des rideaux – ou même, d'inclure les deux. Puisque les stores sont plus près des fenêtres, l'espace à travers lequel la chaleur peut s'échapper est minimisé. Si vous avez des rideaux courts, érigez une étagère au-dessus du radiateur, ou revêtez-le d'une caisse. Au lieu de s'en aller par l'arrière des rideaux, la chaleur sera redirigée vers la pièce.

Le bruit constitue un autre aspect à considérer. Si vous habitez près d'une rue passante, des rideaux doublés pleine longueur au tissu épais peuvent atténuer le niveau du bruit qui s'infiltre dans une pièce lorsqu'ils sont tirés – une condition essentielle pour dormir paisiblement. À l'inverse, l'ensemble des surfaces dures caractéristiques aux intérieurs à facture contemporaine et minimaliste peut *accroître* le niveau du bruit, entre autres, à cause de l'absence de moquettes. Les rideaux ont la propriété d'absorber les sons. Plus le tissu est dense et plus la toile de renfort est substantielle, plus la réduction du niveau du bruit à l'intérieur est accrue.

Enfin, n'oubliez pas qu'une fenêtre doit s'ouvrir et permettre, à une fréquence qui varie selon le temps qu'il fait, à l'air frais de circuler. Aussi, avant de choisir vos parements, considérez d'abord le mécanisme d'ouverture de la fenêtre. De nos jours, certaines fenêtres s'ouvrent vers l'intérieur (pour permettre de les nettoyer de façon simple et sécuritaire). Une ouverture de ce genre élimine automatiquement l'installation d'un bandeau rigide avec surplomb ou tout autre parement qui obstrue le haut de la fenêtre. Les portes et les portes-fenêtres s'ouvrent souvent vers l'intérieur et dans certains cas, une tringle pour rideaux de porte s'avère la solution idéale.

chaleur lorsque le mercure grimpe. Des stores de type bateau ou vénitien bloquent les rayons du soleil, mais il existe aussi des tissus « solaires » hautes performances utilisés dans la fabrication de volets roulants. En dépit de leur transparence, ces stores réfléchissent la chaleur et l'intensité de la lumière et permettent de voir à l'extérieur – tout en contrôlant la température à l'intérieur.

Toujours au sujet du contrôle de la température, assurez-vous de tenir compte des radiateurs avant de choisir vos parements de fenêtre. Bien qu'ils soient sou-

vent placés sous le rebord d'une fenêtre pour des raisons strictement rationnelles du point vue d'un chauffagiste, cet emplacement pourrait vous causer du tracas. Avez-vous des rideaux courts dont les extrémités affleurent le niveau du rebord de la fenêtre, ou juste au-dessous, acheminant ainsi l'air chaud du radiateur en arrière des rideaux et à travers la fenêtre ? Et si vous préféreriez l'aspect des rideaux pleine longueur, même en sachant qu'ils obstruent complètement les radiateurs ? Heureusement, il existe des solutions autres que de déplacer le radiateur le long

Le tissu : couleurs, textures et motifs

Le point de départ d'un schéma de décoration s'inspire parfois d'une couleur ou d'un tissu que vous trouvez irrésistibles. Mais peut-être vous sentez-vous désemparé à l'idée d'arrêter votre choix parmi les milliers de tissus disponibles. Ultimement, il n'en tient qu'à vos goûts et à vos préférences et habituellement, votre choix de tissu est tributaire de votre budget. Au cours de ce processus, vous pouvez cependant appliquer certaines règles générales.

Nous pouvons séparer grossièrement les couleurs en deux catégories : les teintes chaudes et les teintes froides. Le rouge, le jaune ocre, le vert olive et le terracotta constituent des exemples de couleurs chaudes. Elles insufflent une ambiance chaleureuse et accueillante et elles rehaussent les pièces les plus achalandées, telles la cuisine ou la salle de séjour.

Le bleu – les teintes pâles en particulier – le bleu vert et le lilas représentent les couleurs froides. Elles créent une ambiance de fraîcheur, calme et reposante et sont le meilleur choix pour les pièces à caractère de sanctuaire, par exemple les chambres à coucher et les salles de bains.

Bien entendu, il existe certaines exceptions, car en matière de décoration, toutes les règles peuvent être transgressées. Parfois, un contraste ou un ton que l'on accentue bonifie un schéma de couleur. Imaginez sur les rideaux d'une chambre à coucher à l'ambiance paisible une bordure d'un rouge flamboyant qui contraste avec un motif frais de fleurs bleu pâle. Ou un ornement de couleur *eau de nil* utilisé pour rehausser de somptueux rideaux bourgogne dans une salle à manger chaleureuse.

Puis viennent ensuite les tons neutres, le blanc et le crème, en passant par l'avoine et le taupe, puis enfin le noir. Ces tons peuvent s'amalgamer en un schéma neutre pour donner un effet splendide, ou être intégrés à des schémas de couleurs chaudes et froides. Les tons neutres décomposent ou neutralisent les couleurs plus accentuées et permettront au regard de s'y arrêter plus longuement. Certains décorateurs insistent pour restreindre les parements de fenêtres aux tons neutres et reléguer plutôt la tâche d'ajouter des couleurs à une pièce aux fleurs, aux coussins et aux tableaux, ces éléments pouvant être modifiés au gré de la mode ou de l'humeur des occupants.

Il faut également considérer la texture du tissu et plus particulièrement, son poids (soit lourd ou léger). En général, il est préférable d'utiliser des tissus plus lourds pour des rideaux pleine longueur de facture formelle dont la tête est formée de plis profonds, tels des plis pincés ou des plis

En bas, à gauche: un schéma de couleurs fraîches aux teintes bleu et vert pâle est accentué par un rose pâle.

Ci-dessous: un schéma chaleureux et accueillant composé de rouge et de rose foncés se démarque d'un arrière-fond neutre.

À gauche : un schéma neutre de couleur crème et chocolat noir est accentué par une touche de rouge.

Ci-dessous : le poids, la teneur en fibre et l'armure d'un tissu affectent sa texture et le jeu de la lumière sur sa surface. Chenille douce ①, velours coupé avec mouchetures vert jaune et pourpre ②, taffetas de soie lavé à dos ③, damas de soie moirée ④, viscose et lin natté ⑤, d'une bande aléatoire tissée dans lin écru ⑥.

④

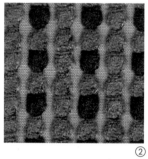
②

①

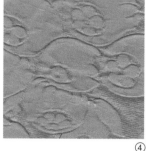
⑤

③

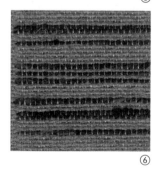
⑥

gobelets. Les tissus à privilégier sont le lin, le velours, le damas et les cotons texturés. Pour donner un aspect aérien et informel aux rideaux translucides dont la tête est froncée, des cotons plus légers tels le chintz et les voilures sont plus appropriés. Lorsque vous déterminez le parement d'une fenêtre, il est important de considérer de quelle manière un tissu tombe. Vous verrez si la douceur du toucher et du drapé lui permet de bien tomber, ou si le tissu est plus raide et ferme et, par conséquent, plus approprié pour des stores.

L'ajout d'une doublure ou d'une toile de renfort altère le poids d'une étoffe et peut modifier son drapé. Une doublure ajoute du corps à une étoffe trop molle, alors qu'une toile de renfort – une couche de ouatage entre le tissu extérieur et la doublure – ajoute du poids, de l'épaisseur et du volume, et crée des rideaux somptueusement lourds.

La texture affecte la façon avec laquelle la lumière joue sur une étoffe. La brillance du chintz, la texture du lin, le grain du velours et le reflet de certaines fibres synthétiques sont amplifiés par l'intensité variable de la lumière naturelle et artificielle. Une soie unie, par exemple, peut se transformer en quelque chose de beaucoup plus intéressant lorsque les plis et les replis d'un rideau ou d'un store captent la lumière.

Les motifs peuvent être tissés, imprimés ou brodés. Les modèles tissés incluent le damas et les brocarts formels et traditionnels, et d'un point de vue plus « utilitaire » les bandes, le quadrillé et le tissu écossais. Les modèles imprimés sont habituellement appliqués sur des tissus mats et non texturés tels la soie, le coton et le lin. Il existe une variété presque infinie de modèles, de l'imprimé subtil en toile de Jouy en deux tons aux imprimés audacieux de l'en-

À droite : un motif peut être tissé, imprimé ou brodé. Tissage en damas soyeux ①, lin tissé avec bande ②, tapisserie de basse lice à motifs floraux ③, imprimé classique sur fond de lin ④, lin léger imprimé en deux tons ⑤, imprimé délicat sur fond de coton blanc ⑥, taffetas de soie somptueusement brodé ⑦, broderie en un ton sur fond de lin écru réalisé à la machine ⑧, doupioni synthétique brodé ⑨.

treprise finlandaise Marimekko. Les tissus brodés varient entre la tapisserie tradition-nelle faite main aux soies minutieusement tissées, en passant par certains tissus de coton et de lin brodés à la machine. Les motifs des tissus brodés sont presque toujours de nature florale.

Avant de choisir un tissu avec des motifs, n'oubliez pas que l'étoffe disposée à plat dans le carnet d'échantillon revêtira un aspect différent lorsqu'elle sera suspen-due avec les plis et les replis d'un rideau. Les bandes auront l'air moins rigides, les modèles audacieux seront atténués et certains petits motifs deviendront beau-coup moins visibles. Essayez de vous représenter l'impact d'un modèle lorsqu'il se répercute sur toute la surface d'un rideau pleine longueur.

Pour choisir une étoffe, sélectionnez toujours l'échantillon le plus volumineux pour le plier et le manipuler. Vous constate-rez mieux comment il tombe et comment cela affecte le motif. Pour les stores ou les panneaux, vous devez considérer l'étoffe différemment lorsqu'elle est exposée sur le plat, à quel endroit se retrouvera le motif par rapport aux extrémités du store ? Dans la mesure du possible, centrez le motif.

Le budget

Le budget dont vous disposez pour vos parements de fenêtres joue un rôle déterminant dans le choix de vos éléments. Pour la plupart d'entre nous, l'achat de rideaux et de stores constitue une dépense majeure. Pour éviter des erreurs coûteuses, soyez prévoyants.

Des rideaux bien conçus devraient durer longtemps. Aussi, n'optez pas pour le modèle dernier cri. La mode, par définition, est en constante évolution. Il n'est donc pas avisé d'établir les bases de votre schéma de décoration d'après les dernières tendances. Il serait mieux, à long terme, de choisir un parement de fenêtre classique et intemporel puis d'introduire un élément à la mode par l'entremise d'autres accessoires, tels des coussins et des ornements.

N'oubliez pas que la conception des stores requiert moins d'étoffe que celle des rideaux. Il est donc souvent possible d'ouvrir davantage vos goussets pour aller « un cran au-dessus » et choisir un tissu plus coûteux d'une qualité supérieure. L'utilisation judicieuse de bordures sur des rideaux peut repousser de façon considé-rable les limites d'un budget serré. Un con-cepteur prudent, par exemple, pourrait se servir de la tendance à recourir aux larges bordures horizontales comme une occasion en or pour troquer un tissu coûteux contre un autre offert à meilleur prix et créer un en-semble à l'aspect grandiose et luxueux.

Une autre astuce consiste à utiliser une toile de renfort pour ajouter de la fermeté aux tissus de moindre qualité. L'ajout d'une couche de ouatage entre le tissu extérieur et la doublure transformera un simple calicot en coton en un rideau lourd, riche et épais.

Cela dit, vous devriez toujours dépenser autant que vos moyens vous le permettent pour vous procurer de nouveaux parements de fenêtres. En fin de compte, une paire de rideaux bien conçus vous permet autant de contrôler votre environnement que d'afficher votre style personnel.

Types de fenêtres

Le premier élément à considérer au moment de déterminer le style de vos parements de fenêtre est la fenêtre en tant que telle : sa forme, sa dimension, son emplacement et son aspect. Le parement sélectionné devrait convenir au style et aux proportions de la fenêtre. Prenez du recul pour mieux étudier votre fenêtre sans ses rideaux. Évaluez ses atouts et les inconvénients qu'elle risque d'opposer au type de parement envisagé. Chaque fenêtre possède un caractère distinct souvent inhérent à l'architecture du bâtiment. Il existe cependant certaines catégories générales de fenêtres parmi lesquelles la plupart des fenêtres peuvent être regroupées :

À guillotine : fenêtre traditionnelle, souvent munie de deux cadres – ou châssis – vitrés qui se glissent de bas en haut à l'aide d'un cordon et d'un mécanisme de contrepoids dissimulé dans le cadre. Sur certains modèles, les deux châssis peuvent glisser dans les deux sens alors que pour d'autres, seul celui du bas peut être glissé. Lorsque les deux châssis peuvent glisser, les cadres peuvent être respectivement déplacés au centre pour ainsi laisser le haut et le bas de la fenêtre ouverts. Cela a pour effet d'optimiser la circulation d'air, car l'air frais pénètre dans la pièce par la partie inférieure, tandis que l'air chaud se dissipe par la partie supérieure. La hauteur des fenêtres à guillotine est habituellement supérieure à sa largeur. Ces fenêtres sont attrayantes et conviennent à la plupart des styles de stores ou de rideaux.

À vantaux : fenêtre munie d'un ou de deux châssis pourvus d'une charnière pour permettre l'ouverture vers l'intérieur

Fenêtre à guillotine

Fenêtre à vantaux

Fenêtre
panoramique

Petite fenêtre

ou l'extérieur. En Europe et au Royaume-Uni, les fenêtres à vantaux sont souvent munies d'un système de fermeture à friction. Si le châssis s'ouvre vers l'intérieur, le parement choisi ne doit pas nuire à l'ouverture. Qu'il soit de facture classique ou moderne, ce type de fenêtre convient à la plupart des styles de parements. Si vous disposez de peu d'espace de chaque côté d'une fenêtre qui s'ouvre vers l'intérieur, la meilleure solution consiste parfois à fixer un store sur chacun des deux cadres.

Panoramique : fenêtre plus large que haute. Ces fenêtres sont souvent très larges. Elles peuvent être pourvues de châssis coulissants, à vantaux ou à guillotine. La plupart du temps ce type de fenêtres convient à tous les styles de rideaux, mais idéalement, les rails et les tringles devraient surplomber le châssis, de manière à laisser de l'espace pour tirer les rideaux. Un bandeau ou une cantonnière peuvent ajouter de la hauteur à l'ensemble. Les fenêtres panoramiques sont parfois trop larges pour un seul store, mais si vous fractionnez la fenêtre en sections plus petites, vous pourrez alors poser un store devant chacune d'entre elles.

Petites : certaines fenêtres sont petites. Aussi vaut-il mieux ne pas les surcharger de parements compliqués. Une fenêtre parée d'un bandeau, d'une cantonnière et d'une paire de rideaux risque de paraître plus large qu'elle ne l'est en réalité. Si votre fenêtre est très petite, optez pour un parement minimaliste, tel un store qui s'enroule ou dépolissez la vitre avec un vitrail, du verre traité à l'acide ou une couche translucide de feuille adhésive.

Grande
fenêtre

Grandes fenêtres : suscitent l'envie et l'admiration. Leur dimension permet l'installation d'ornements majestueux tels des festons et des jabots ou des cantonnières élaborées. Les grandes fenêtres conviennent autant aux styles minimalistes qu'aux styles ornés. Si elles sont très grandes, considérez l'aspect pratique de tirer les rideaux. Un système de tirage doté d'un cordon ou d'une tige fixée au premier anneau du côté avant du rideau peut s'avérer pratique. Par ailleurs, si vous souhaitez contrôler votre niveau d'intimité et doser la lumière, installez un store qui s'enroule derrière vos rideaux de style plus formel.

Cintrées : très esthétiques. En décoration, les fenêtres cintrées constituent un défi de taille. Pour un parement formel, un rideau fait main constitué d'une vénitienne avec des plis pincés ou des plis gobelets peut être installé devant une fenêtre cintrée, mais vous perdrez un point de vue et beaucoup de luminosité. Il est souvent plus simple de laisser la section cintrée dégagée et de ne parer que la partie rectangulaire avec un store ou des rideaux. Pour contrôler le niveau de la lumière dans une chambre à coucher, par exemple, la fenêtre cintrée peut être comblée d'une étoffe fixe froncée au centre. Ou encore, demandez à un menuisier expert de vous fabriquer des volets en bois sur mesure munis de persiennes.

Fenêtre cintrée

Entrée

Portes et entrées : parfois munies de panneaux vitrés. Si ceux-ci sont constitués de vitraux ou de verre traité à l'acide, des rideaux ne sont pas toujours nécessaires. Lorsque la vitre est transparente, vous pouvez maintenir un niveau d'intimité en fixant des stores directement sur la porte, ou en fronçant un panneau de tissu transparent sur une tringle située à chaque extrémité du carreau. Des rideaux sont souvent posés sur les portes et devant les entrées pour couper les courants d'air et conserver la chaleur. Une tringle posée sur la porte s'avère très utile.

Portes françaises : portes vitrées à deux vantaux qui s'ouvrent habituellement vers l'intérieur. En France, elles sont traditionnellement accompagnées de volets extérieurs pour contrôler la lumière et assurer une meilleure sécurité. Aussi, à l'intérieur, il ne faut souvent qu'un rideau simple, très léger, voire transparent. En l'absence de volets, les rideaux lourds sont plus fréquents, mais il doit être possible de les tirer assez loin du devant de la fenêtre pour ne pas nuire à l'ouverture des portes. Si l'espace est restreint de chaque côté, fixez des stores directement sur les deux portes.

Portes coulissantes : un équivalent contemporain aux portes françaises. Elles consistent habituellement en des panneaux coulissants vitrés pleine longueur. Les portes coulissantes peuvent être très larges et se prolonger, dans certains cas, sur toute la largeur d'une pièce. Lorsque l'espace est restreint entre le dessus de la porte et le plafond, portez une attention particulière au système de fixation pour les rideaux. Des tringles à rails fixées au plafond sont discrètes. Pour autant qu'elles soient attachées avec solidité, elles supporteront des rideaux sur un vaste espace.

Portes françaises

Portes coulissantes

Fenêtre en baie

Fenêtre arquée

En baie et arquée : habituellement larges
et imposantes. Ce type de fenêtre est conçu
pour optimiser la quantité de lumière qui pénètre dans une pièce. Suspendre les rideaux peut
s'avérer complexe, car les rails et les tringles
doivent être recourbés pour se conformer aux
coins et aux courbes des fenêtres. Les tringles
à rails sont plus pratiques, mais souvent ines-
thétiques. Vous pouvez cependant les dissimuler avec un bandeau ou une cantonnière.
Les tringles fabriquées sur mesure pour s'adapter au pourtour de la fenêtre sont coûteuses.
Une version moins onéreuse qui consiste en
une tringle aux raccords coudés flexibles est
disponible en magasin, mais en réalité, elle ne
convient qu'aux rideaux légers. Assurez-vous
de faire surplomber les rails et les tringles le
plus loin possible au-delà de la fenêtre. Vous
pourrez ainsi tirer les rideaux suffisamment
loin et obtenir un meilleur niveau de luminosité. Pour un décor contemporain, optez pour
l'installation de stores.

Fenêtres de toit : habituellement insérées
dans un plafond plat ou incliné. Elles constituent un excellent moyen d'accroître la

Fenêtres de toit

quantité de lumière dans une pièce. Il existe plusieurs façons d'apposer des panneaux d'étoffe aux fenêtres de toit pour contrôler le niveau de luminosité. Cependant, la méthode de parement la plus pratique et la plus efficace consiste à fixer des stores fabriqués sur mesure aux châssis de la fenêtre.

En mansarde : construites en saillie dans la pente d'un toit. Elles laissent habituellement peu d'espace pour suspendre des rideaux. Pour contourner ce problème, fixez des stores à chaque fenêtre ou munissez vos tiges à rideau d'une charnière qui leur permet de pivoter vers l'intérieur.

Dans un coin : se retrouvent souvent dans une maison transformée. Lorsqu'une grande pièce est fractionnée en petites pièces, le mur de séparation se prolonge parfois près de la fenêtre, compliquant ainsi la tâche du décorateur. Pour y remédier, posez un store à l'aspect sobre ou un seul rideau tiré sur le côté. En architecture moderne, les fenêtres d'angle, qui se prolongent au-delà du coin, sont de plus en plus populaires. Les problèmes rencontrés lors du choix d'un système de fixation sont semblables à ceux que présentent les fenêtres en baie.

Fenêtre en mansarde

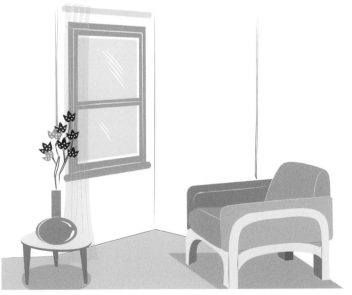

Fenêtre dans un coin

Fenêtre d'angle

Contemporain

Pour la plupart d'entre nous, la vie moderne est haletante et trépidante. Lorsque le style contemporain est à son meilleur, il peut agir comme antidote à cette complexité et procurer une sensation de calme et d'ordre. Le minimalisme constitue un élément essentiel à tous les schémas de décoration contemporains. L'on ne s'en tient qu'au strict nécessaire ; les lignes franches et dégagées et les surfaces lisses procurent un sentiment d'espace et de légèreté.

Pour créer ce sentiment d'ampleur, les fenêtres sont essentielles. Mais avant de choisir un habillage pour un décor contemporain, pensez surtout au minimalisme de l'ensemble. Des stores ou des volets s'intégreront peut-être mieux au décor, mais il est préférable d'opter pour des rideaux, surtout lorsqu'un schéma aux lignes dures doit être atténué ou que la capacité du tissu à isoler et absorber les sons s'avère nécessaire. Pour une allure contemporaine, il est important de choisir des tissus, des accessoires et des têtes de rideaux au style aussi épuré que les autres éléments.

Favorisez des tissus où la texture l'emporte sur le motif. Optez pour des têtes de rideaux simples à pattes, à œillets ou à plis ronds. Elles requièrent moins de tissus et lorsque le rideau tombe, les plis ondulent au lieu de plisser. Pour une allure simplifiée, utilisez des tringles en métal ou des tringles à rail plus discrètes, fixées au plafond. Ou encore, posez un bandeau rigide aux lignes droites pour dissimuler le mécanisme de fixation. Parez le moins possible. Pour une finition de style, optez pour des accessoires en métal, en verre ou en bois.

Des barres de rideaux fixées près du plafond accentuent la hauteur de cette élégante salle de séjour en milieu urbain. Un voilage blanc à l'aspect brumeux filtre la lumière qui inonde la pièce à travers deux portes françaises.

Fenêtres à guillotine

Une allure dépouillée et propice au calme constitue l'élément clé d'un style contemporain. Pour y arriver, commencez par la simplicité et l'élégance de la fenêtre à guillotine traditionnelle. Ici, trois fenêtres juxtaposées dans une alcôve sont transformées de manière contemporaine à l'aide de vénitiennes qui voilent le point de vue et diffusent la lumière. Remarquez à quel point la proximité des trois stores élimine les détails architecturaux. Les trois fenêtres ont l'aspect d'une seule grande fenêtre.

①   ②   ③

Les lattes de vénitiennes sont offertes en plusieurs largeurs et finitions. Ici, des finitions métalliques contemporaines et stylisées réfléchissent la lumière et se déclinent en tons modernes et luxueux : argent ①, saphir ②, or ③.

Les proportions élégantes des fenêtres à guillotine leur permettent de s'adapter à presque tous les styles. Le défi consiste à choisir des tissus conformes à votre style et à votre schéma de couleur. Ici, de la soie aux couleurs riches et contrastées est utilisée pour de longs rideaux généreusement doublés. La touche contemporaine provient de la séparation du rideau, dont la bordure horizontale accentue la hauteur de la fenêtre.

Le style contemporain préconise les têtes de rideaux simples et moins travaillées, mais il est parfois avantageux de mettre un tissu en valeur par l'entremise de profonds plis pincés. Plis ouverts ①, plis ronds ②, plis en éventail ③.

①

②

③

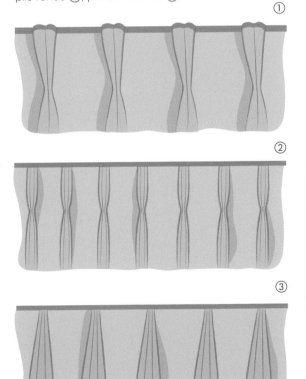

Fenêtres panoramiques

Les fenêtres panoramiques sont plus larges que hautes. Vous devez donc prévoir de l'espace de chaque côté pour tirer les rideaux. Vous pourriez aussi opter pour l'aspect simple et dépouillé de l'écran japonais de type shoji aux panneaux coulissants. Les panneaux de tissus sont lestés d'une barre située sur la partie inférieure et ils se glissent individuellement le long de rails parallèles fixés dans un mur ou au plafond. Ce système permet aux panneaux de se déployer à la grandeur d'une fenêtre panoramique ou d'être rangés de manière ordonnée les uns contre les autres. Ici, des panneaux translucides avec des lattes de bois – le tout d'inspiration japonaise – se glissent derrière d'autres panneaux plus opaques recouverts d'un tissu imprimé aux lignes accentuées. N'oubliez pas de prévoir l'espace nécessaire pour superposer chacun des panneaux des deux côtés de la fenêtre.

Les panneaux coulissants shoji consistent en des châssis de bois recouverts de papier translucide. En architecture japonaise traditionnelle, ils servent à dissimuler une fenêtre ou à diviser une pièce.

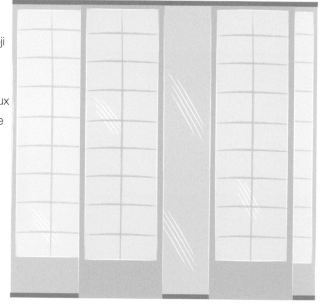

Un schéma de couleur neutre est essentiel au style contemporain. En l'absence de couleur, vous devez cependant souligner la texture. Ici, aucune couleur n'a été utilisée pour créer cette chambre à coucher à l'aspect paisible, mais les draps bien repassés et le couvre-lit matelassé offrent un contraste aux textures délicates des voilages brumeux et des rideaux en mousseline plissée suspendus devant la fenêtre.

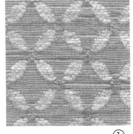

①

②

③

Les schémas

de couleurs neutres ajoutent de l'emphase sur la texture. Tissu chenillé à petits motifs ①, chevrons sur coton épais ② ou tracé délicat brodé dans le voilage ③.

Fenêtres en baie

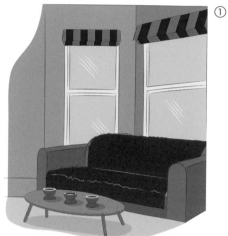

Le style contemporain sobre et dépouillé convient parfaitement aux larges et imposantes fenêtres en baie. Ici, des stores bateau plissés constituent un excellent moyen d'actualiser cette fenêtre tradition-nelle. En laissant autant de lumière pénétrer à l'inté-rieur de la pièce, la sensation d'espace est accrue et les encadrements attrayants restent bien en vue. Des pans de voilages suspendus sur la moitié inférieure des fenêtres préservent l'intimité. Même si les stores sont de facture essentiellement minimaliste, il est intéressant de constater comment un schéma de couleurs neutres, chaudes ou froides modifie radicalement l'ambiance.

Choisissez parmi l'une des propositions de couleurs suivantes. Tons neutres foncés ①, vert pâle et tons bleus ②, tons roses chauds, orange et rouges ③.

Les fenêtres arquées et en baie favorisent davantage l'infiltration de la lumière que les fenêtres plates. Cette aire de salle à manger qui baigne dans la lumière en constitue l'illustration parfaite. Ici, des voilages unis tamisent la lumière brillante réfléchie par les nombreuses surfaces réparties à l'intérieur de la pièce. La fenêtre en baie est constituée de cinq fenêtres distinctes et les voilages sont suspendus à des tringles individuelles posées au-dessus de chacune d'entre elles. Cela évite ainsi le tracas de se faire fabriquer une tringle adaptée au pourtour de la fenêtre, mais empêche toutefois les rideaux d'être tirés complètement des deux côtés de la fenêtre.

①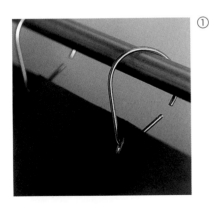

②

Insufflez une touche originale aux voilages à l'aide d'anneaux à rideaux fantaisistes. Les anneaux en forme de goutte se glissent à l'intérieur des œillets insérés sur la tête des rideaux ①, des anneaux munis de petites pinces puissantes représentent une façon simple de suspendre des rideaux légers ②.

Fenêtres à vantaux

Pour un tissu simple, choisissez une texture qui se drape facilement. La subtilité d'une soie rayée ①, la brillance d'une toile de lin unie ②, la rayure d'un velours coupé sur fond de lin ③, la texture d'un tissu chenillé ④, la souplesse d'une soie Jacquard contemporaine ⑤.

①

②

③

Au moment de choisir vos parements de fenêtres à vantaux, vous devez tenir compte de l'accessibilité. Ici, les rideaux pleine longueur constitués d'une mosaïque de grosses pièces de soie teintée sont d'une élégance raffinée. Même si ces rideaux sont longs, leur largeur est appropriée, car elle permet à l'impact dramatique de la mosaïque de soutenir l'ensemble. Pour une allure contemporaine, les têtes de rideaux devraient être moins fournies qu'elles ne le seraient pour un habillage de fenêtre traditionnel. Pensez à des plis ronds simples, à des plis ouverts ou même à des têtes droites avec des œillets ou des anneaux munis de pinces.

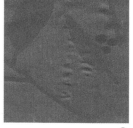

④

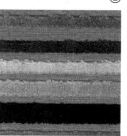

⑤

Le décor moderne et serein de cette pièce a été créé avec des matériaux neutres et naturels aux lignes simples et nettes. Il offre un contraste aux détails architecturaux historiques telles les cantonnières, les fenêtres cintrées et la hauteur du plafond. Les rideaux de mousseline crème autour des fenêtres encastrées sont simples et sobres, avec leurs têtes de rideaux non plissées suspendues aux barres en métal à l'aide d'anneaux.

①

Pour des têtes de rideaux non plissées, utilisez des agrafes. Répartissez le rideau le long de votre fenêtre à raison de deux crochets par anneau sur une barre, ou par galet sur une tringle à rail pour permettre au tissu situé entre les crochets de bomber légèrement vers l'extérieur. Une tête de rideau avec agrafes : vue de face ①, vue de l'arrière ②.

Les barres de métal stylisées dégagent une allure moderne. Plusieurs sont assorties de détails en bois, en verre et en métal. Barre en acier inoxydable avec gros anneaux de bois et embout de bois ①, embout de bois en forme de bâton de rouge à lèvres ②.

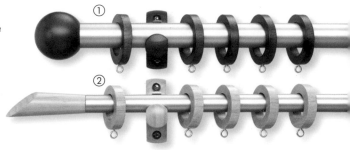

Fenêtres à deux étages

Les fenêtres à deux étages inondent l'intérieur de lumière. Ici, des panneaux coulissants ornés d'un motif floral accentuent la hauteur de l'ensemble par rapport à celle de l'ameublement. Le motif d'une bande suspendue est toujours pleinement visible et son aspect, contrairement à celui d'un rideau, n'est jamais atténué par des plis et des replis. En s'en tenant strictement à un schéma de couleurs limité et en contrastant le tissu imprimé à des blocs de couleur solide et des rayures foncées texturées, le modernisme et les lignes franches de ce style architectural percutant demeurent intacts.

①

②

③

Des motifs exubérants et originaux peuvent rehausser un schéma contemporain, surtout pour les stores ou les panneaux, où le motif est pleinement visible. Motif en deux tons sur toile de lin ①, motif floral d'allure contemporaine ②, motif de feuille abstrait ③.

Le bouillonné abondant d'un tissu de soie dorée retombe généreusement, reliant ainsi les fenêtres de cet intérieur réparties sur deux étages. La longueur ajoutée aux rideaux permet à la soie de se répandre au sol, d'équilibrer l'ensemble et d'attirer le regard vers le bas. La soie constitue un choix judicieux pour l'habillage de cette fenêtre. Sa légèreté lui permet de tourbillonner au niveau du plancher, alors que sa brillance inhérente joue avec la lumière. Les rideaux pleine longueur sont toujours avantagés par des ourlets plus travaillés, mais assurez-vous de bien harmoniser le parement de fenêtre au tissu approprié.

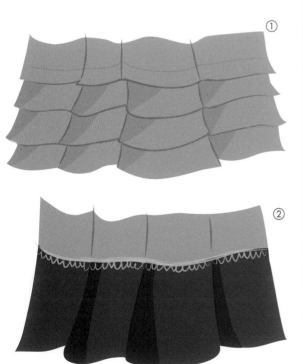

Pour des ourlets différents, des plis dans le sens de la longueur ajoutent du poids et du volume et leur donnent une finition réussie ①, des bordures contrastées ajoutent de la profondeur et de l'équilibre à l'ensemble ②.

Fenêtres cintrées

Une latte en métal munie de crochets est insérée dans le fourreau d'une tête de rideau puis est suspendue à l'aide d'un ingénieux système de barre double. Une autre latte se glisse dans l'ourlet pour lester le rideau et le tendre.

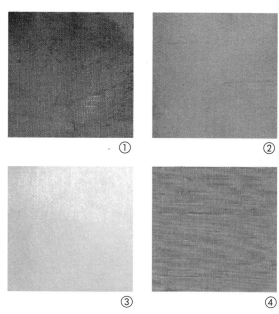

À elles seules, les fenêtres cintrées sont attrayantes, surtout dans un décor contemporain. Aussi est-il préférable de ne pas les parer. Ici, quatre bandes contrastées constituées d'un voilage léger coulissent à l'aide d'un ingénieux système de barre double. Ce type de parement percutant et polyvalent, mais minimaliste, convient à cet ensemble élégant de fenêtres cintrées. L'aspect translucide du voilage laisse entrevoir les détails architecturaux des fenêtres.

Pour les panneaux coulissants, utilisez seulement des tissus légers non doublés. Taffetas de soie taupe ①, douppioni de soie eau de nil ②, velours de soie ivoire ③, toile de lin transparente vert de mer ④.

Les stores verticaux constituent la solution contemporaine idéale pour les fenêtres cintrées, car ils peuvent être fabriqués sur mesure pour se conformer parfaitement au pourtour arqué du châssis. En plus d'être pratique, cette option souligne de manière élégante la forme de la fenêtre. Elle permet aussi de modifier le niveau de lumière et d'intimité. Ainsi, les lattes semi-transparentes de cette immense fenêtre cintrée peuvent se refermer pour offrir une plus grande intimité et un contrôle optimal de la chaleur du soleil, ou s'ouvrir pour offrir une vue dégagée du monde extérieur.

①

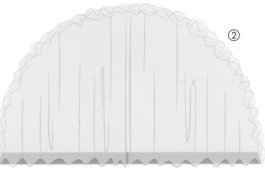

②

Pour parer une grande fenêtre cintrée, vous pourriez recourir à un store de forme éventail ①, à des rideaux translucides à tête froncée ②.

Fenêtres en coin

Les fenêtres en coin constituent un défi. En raison de l'espace limité, il est difficile d'y intégrer des parements de fenêtre. Ici, la proximité d'une entrée empêche de suspendre des rideaux. Pour remédier à ce problème, des volets roulants imprimés d'un superbe motif floral ont été dissimulés à l'intérieur d'un renfoncement situé au-dessus des fenêtres, pour les rares fois où les occupants voudraient voiler le point de vue paisible qui donne sur le port.

①

②

Une approche différente pourrait inclure des vénitiennes ①, une barre double avec deux ensembles de rideaux translucides suspendus par des anneaux ②.

Avec les fenêtres en coin, il est important de considérer l'équilibre visuel de l'habillage. Dans une
chambre à coucher, vous devez tenir compte de
l'intimité et du contrôle de la lumière. Ici, des stores
en cellular translucide s'ajustent pour laisser pénétrer
la lumière tout en préservant l'intimité. Les rideaux
pleine longueur adoucissent l'ambiance et intègrent
les deux fenêtres de dimensions différentes au décor.
Ce parement est astucieux, car les deux rideaux
consistent en fait en deux rideaux simples, au lieu
d'une seule paire. Ils coulissent dans une direction,
mais sur des tringles distinctes, pour éviter ainsi
l'installation d'une quincaillerie coudée dans le coin.

①   ②   ③

Des options de style pour rideaux pourraient inclure un velours coupé
sur fond de toile de lin ①, une armure coton lustré/viscose ②, une armure
Jacquard ③.

Fenêtres « à problèmes »

Des choix différents de rideaux translucides pourraient inclure un motif floral brodé sur soie translucide ①, une dentelle à motif floral ②, un voilage rayé semi-translucide ③.

Lorsqu'une fenêtre se déploie du plancher au plafond et d'un mur à l'autre, suspendre vos rideaux constitue un défi de taille. Des tringles à rail peuvent être fixées directement au plafond, pour autant qu'elles soient assemblées de façon sécuritaire, surtout pour y suspendre des rideaux lourds. L'écart entre les supports d'une barre en métal étant limité, utilisez des anneaux qui s'ouvrent pour ainsi permettre au rideau de coulisser sur toute la longueur. Si le manque d'espace à chaque extrémité de la barre vous empêche d'apposer des embouts décoratifs, fixez-la au mur à l'aide d'un support entre murs.

Les barres qui se déploient d'un mur à l'autre requièrent des fixations particulières. Utilisez des anneaux qui s'ouvrent pour faire coulisser le rideau au-delà des supports médians ①, un support entre murs ②.

La difficulté que pose une fenêtre en baie étroite qui s'élève du plancher au plafond est contournée par l'utilisation de stores verticaux discrets contenus à l'intérieur d'un rideau translucide. Cette combinaison offre le meilleur des deux mondes : l'aspect pratique des stores que l'on oriente pour contrôler la lumière jumelé à la souplesse des rideaux translucides que l'on peut tirer de la même façon qu'un rideau régulier.

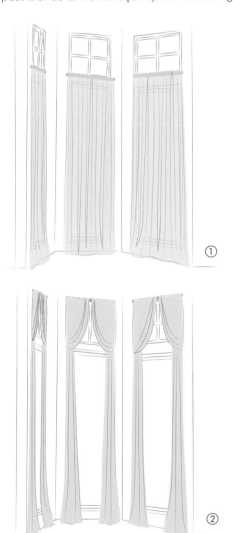

Les stores ne constituent pas la seule option. Vous pourriez poser des rideaux translucides ①, des rideaux plus lourds, disposés à l'italienne ②.

Classique

L'habillage de style classique peut varier de la sophistication faite sur mesure à l'opulence grandiose, mais il demeure toujours équilibré de manière harmonieuse et la plupart du temps, abondamment orné. Si vous décorez une maison d'époque, le style classique constitue un choix évident, mais il peut aussi s'adapter à un décor moderne et donner de splendides résultats.

Un style classique de garnitures souples peut comprendre des têtes de rideaux aux plis et aux fronces profonds pour des rideaux plus amples. Ceux-ci peuvent parfois être ornés et de parements élaborés tels des festons et des jabots, ainsi que des bandeaux rigides profilés et des cantonnières froncés lâchement. Les stores peuvent aussi jouer un rôle : des stores autrichiens froncés aux simples stores relevés par des liens. Enfin, même les volets roulants peuvent s'intégrer à un décor classique, pour autant que le rebord inférieur soit profilé et que l'étoffe soit assortie aux rideaux.

Lorsque vous parez vos fenêtres, la clé pour réaliser un style classique consiste à choisir vos tissus, vos ornements et votre quincaillerie avec soin. Si vous envisagez d'utiliser des tissus unis, pensez aux velours moelleux ou aux soies chatoyantes. Du côté des étoffes ornées de motifs, vous retrouverez les damas, les soies brodées, les tapisseries et les chintz aux imprimés floraux et enfin, les motifs moins exubérants à carreaux et à rayures. Pour ajouter une touche contemporaine, optez pour des imprimés graphiques de facture moderne.

Les ornements varient du tressage délicat des tissus ajourés aux embrasses tressées aux lourdes franges. Les détails décoratifs incluent les bordures contrastées autant sur les ourlets que les côtés avant du rideau ainsi que les touches additionnelles qui varient des boutons gainés de tissu sur la tête du rideau en passant par les boucles et les rosettes. Si le haut d'un rideau n'est pas dissimulé par un feston ou une cantonnière, optez pour des barres en bois ou en fer forgé assortis d'embouts ornés.

Un classique actualisé. Un tissu imprimé graphique aux couleurs fortes assorti d'une tête de rideau à œillets effectue la transition entre les détails architecturaux élaborés de la pièce et l'ameublement moderne.

Fenêtres panoramiques

Les fenêtres panoramiques de grande envergure prennent une place prépondérante
si elles sont parées d'un motif trop animé
ou trop détaillé. Ici, le bouillonné généreux
d'un simple rideau de coton crème aux plis
profonds, suspendus à des barres de bois,
le tout assorti aux stores en tissu cellular,
confère à l'ensemble une élégance raffinée.
La longueur supplémentaire des rideaux
permet à l'étoffe de s'épandre au sol de
manière sculpturale. Les embrasses tressées
qui retiennent les rideaux constituent l'élément classique indispensable.

Les embrasses tressées constituent un accessoire essentiel aux décors
classiques. Elles sont utilisées pour ajouter de la couleur, de la texture et une touche de distinction. Cordon tressé aux couleurs vives avec gland rouge et vert ①,
gland de soie fine aux tons atténués ②, gland noué de style plus élaboré ③.

Ces imposants rideaux à œillets géants enfilés dans une simple barre en bois dégagent une allure moderne, mais de facture classique. Les bandes contrastées situées à chaque extrémité du rideau accentuent la coupe distinguée de l'ensemble. Les rideaux sont assortis d'un store bateau fonctionnel dont le tissu s'agence bien au décor de la pièce.

Pour des têtes de rideaux plissées plus tradition-nelles, choisissez des plis ronds ①, des plis gobe-lets ②, des plis pincés ③.

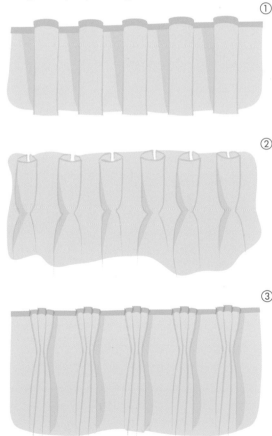

Le style classique requiert des tissus plus discrets. Toile de lin unie de ton foncé ①, motif de feuille grim-pante tissée dans soie rainurée ②, satin aux rayures larges ③.

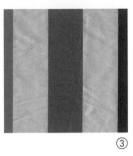

① ② ③

Fenêtres arquées et en baie

Suspendre des rideaux devant une fenêtre en baie profonde peut être compliqué, surtout si l'espace est restreint entre les fenêtres et le plafond. Une façon de contourner ce problème consiste à fixer une barre d'un mur à l'autre en face de la fenêtre. Ici, cette imposante barre de bois est assez robuste pour supporter de somptueux rideaux de soie. Les plis ronds bien ondulés de la tête de rideau s'harmonisent bien avec les bandes fortement contrastées situées près de l'ourlet. Pour contrôler la lumière de manière fonctionnelle à proximité des fenêtres, installez des volets roulants.

①

②

③

Des étoffes avec des motifs donnent un bel effet. Optez pour une armure de damas délicatement colorée ①, un tissu rouge foncé floqué de feuilles ②, une soie avec des plumes brodées ③.

Une fenêtre en baie de grande envergure, peu profonde et chapeautée d'un espace suffisant vous permet d'orner la partie supérieure de manière élégante telle cette barre drapée de festons en boucle et de jabots à la bordure ornée de franges tressées. Ce parement abondamment décoratif sert en fait à dissimuler le haut des rideaux, lesquels sont suspendus d'une tringle à rails, plus pratique pour coulisser les rideaux. Puisque la barre est fixée au-dessus de la fenêtre, ni la lumière ou le point de vue ne sont obstrués. Et en même temps, l'étoffe festonnée adoucit les lignes franches du châssis peu profond et procure une impression de hauteur.

①

②

Des modèles pour les festons pourraient inclure de multiples festons avec jabots plissés en cascade ①, une cantonnière festonnée ornée de rosettes ②.

Fenêtres à guillotine

Lorsque deux fenêtres à guillotine sont juxtaposées à l'intérieur d'un même châssis, traitez-les comme un tout. À l'aide d'un simple feston noué monté au-dessus des rideaux pleine longueur, un tissu à carreaux sobres de couleur crème et aux tons bleus froids relie les deux fenêtres, pour une finition attrayante à l'aspect romantique. Des volets roulants à chaque fenêtre procurent un contrôle instantané de la lumière.

①

②

③

Pour changer

l'atmosphère de façon dramatique, changez de palette de couleur. Rayures graphiques en noir et blanc ①, couleur terracotta avec motifs vert cendré ②, légers voilages en jaune et blanc ③.

Les fenêtres à guillotine sont souvent plus hautes que larges. Elles peuvent donc être parées de certains styles classiques qui risqueraient d'être plus apparents devant d'autres fenêtres moins bien proportionnées. Ici, une cantonnière toute en courbes et recouverte d'un tissu festonné d'une bordure flamboyante crée un effet imposant devant une fenêtre encastrée. Les rideaux lourds et amples sont retenus par une patère en laiton ouvragée, enjolivée par une cordelière tressée.

Des patères décoratives à motif floral en bois ou en résine moulée constituent une option aux cordelières tressées.

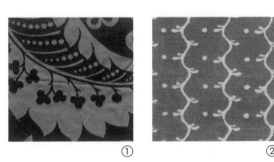

① ② ③

Les styles classiques comme celui ci-dessus peuvent également inclure une étoffe façonnée. Damas traditionnel ①, motif répété sur toile de lin ②, broderie de papillons imprimée sur soie ③.

Fenêtres en coin

Les fenêtres situées trop près d'un coin sont parfois difficiles à parer. Ici, l'habillage consiste en rideaux en tissu écossais suspendus à une barre en bois. La finition provient de la cantonnière tenante en haut des rideaux. Son aspect est légèrement accentué par l'entremise d'une frange festonnée qui attire le regard vers le haut tout en équilibrant l'allure longiligne de l'ensemble.

Il existe plusieurs sortes de cantonnières tenantes. Tête de rideaux aux plis ronds avec cantonnière en forme de goutte ornée de glands ①, couture rabattue sur tête de rideaux suspendue à des anneaux ②.

①

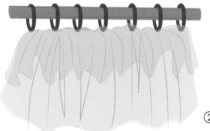

②

Les barres en bois constituent un élément essentiel du style classique. Elles sont disponibles en plusieurs styles et plusieurs finitions. Les barres ci-dessous sont ornées d'un embout classique en forme d'urne. Finition or patiné sur barre unie ①, finition blanc patiné sur barre cannelée ②.

①

②

de métal ouvragés ajoutent une touche de distinction.

Lorsque l'espace entre une fenêtre et le coin d'une pièce est restreint, un seul pan de rideau, celui le plus près du coin, retenu sur le côté par une embrasse confère de l'équilibre à l'ensemble. Ici, un astucieux arrangement asymétrique constitué de festons qui cascadent d'un seul côté du rideau harmonise le parement tout en créant un lien décoratif harmonieux avec les autres fenêtres de la pièce.

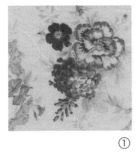

① ② ③

Pour une finition plus délicate, optez pour des motifs floraux de facture classique. Motif vieilli sur toile de lin ①, broderie de fleurs grimpantes sur soie taupe ②, armure de damas traditionnelle tissée avec lin et coton ③.

Fenêtres cintrées

Une façon de simplifier l'habillement d'une fenêtre ou d'une entrée de porte cintrée consiste à ignorer la forme de l'arche et de fixer une barre au-dessous de la partie arquée de la fenêtre. Ici, une attention particulière a été portée pour choisir une barre assortie au châssis de la porte. La porte s'ouvre vers l'intérieur, aussi la barre est plus longue pour permettre aux rideaux d'être tirés complètement. L'ajout d'une bordure contrastée d'une dimension parfaitement proportionnée à la partie non parée du haut crée un décor harmonieux.

L'ajout d'une bordure contrastée ou d'autres détails décoratifs aux ourlets confèrent de l'intérêt et de l'équilibre, en plus d'attirer le regard. Bordure incrustée avec franges sur l'ourlet et le côté avant du rideau ①, appliqué de bordure contrastée le long de l'ourlet ②, ourlet bordé d'un volant contrasté ③.

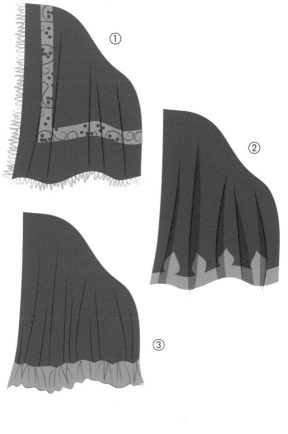

Il existe plusieurs finitions pour les barres en bois, y compris le chêne blanchi à la chaux ①, l'ivoire patiné ②, la feuille d'or ③.

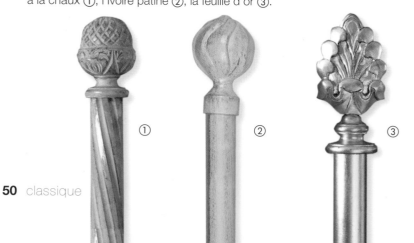

Lorsque la finition s'intègre bien au style, une tête de rideau fixe, soigneusement conçue pour s'insérer dans l'arche donne le plus bel effet, surtout lorsque le contrôle de la lumière et de l'intimité prime. Ici, des rideaux froncés avec des plis gobelets sont retenus par un cordage à l'italienne qui soulève les rideaux vers le haut et de côté, accomplissant de manière « invisible » la tâche des embrasses. Ce parement, toutefois, fonctionne seulement si les fenêtres s'ouvrent vers l'extérieur.

①

②

③

Ajoutez des couleurs vibrantes à votre schéma. Optez pour un motif traditionnel sur toile teinte au thé ①, un motif classique sur toile blanchie ②, un brocart or et rouge vif ③.

Portes françaises

①

②

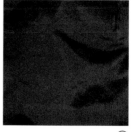

③

La hauteur des portes françaises peut être accentuée de façon attrayante si le tissu est choisi avec soin. Ici, un imposant ensemble de portes françaises disposées en arc est couronné d'une cantonnière ouvragée à partir de laquelle des pans de rideaux en velours cascadent jusqu'au sol. En dépit de la splendeur du décor et de la cantonnière, un certain dénuement décoratif nonchalant se dégage de l'absence d'embrasses ou d'ornements sur les rideaux. Les volets de bois traditionnels situés à l'arrière se chargent de contrôler le niveau de la lumière.

Les patères, comme les embrasses, sont utilisées pour retenir les rideaux de chaque côté d'une fenêtre. Il en existe plusieurs styles et plusieurs finitions. Ici, une patère au fini laiton patiné est ornée d'un motif floral.

Des modèles au velours uni pourraient inclure un voilage translucide brodé ①, un velours coupé rouge cerise sur fond de toile naturelle ②, un taffetas changeant ③.

Lorsque les deux surfaces opposées d'un rideau sont visibles, tel qu'il est illustré par ce parement de porte française, des rideaux double face sont requis. Une embrasse constituée d'un tissu rabattu vers le côté est une façon stylisée d'exhiber deux tissus à la fois. Un anneau est cousu sur le côté avant du rideau à environ un tiers de la hauteur à partir du sol, puis celui-ci est ensuite ramené vers l'arrière pour être inséré autour d'un crochet fixé au mur.

La patère qui retient un tissu ramené vers l'arrière peut être située très près du sol.

Au lieu d'une embrasse classique, utilisez une patère assortie d'une boucle en étoffe cousue sur le côté avant du rideau pour remplacer l'anneau. Patère à motif de soleil ①, et de fleur ②.

①

②

Fenêtres à vantaux

Les bandeaux en bois, en plâtre ou recouverts de tissu peuvent très bien accentuer ou compenser les proportions d'une fenêtre. Ici, un bandeau de bois ou de plâtre surplombe des pans de rideaux sobres disposés à l'italienne. En plus de dissimuler la tringle et la tête des rideaux, ce parement atténue la forme longiligne des fenêtres.

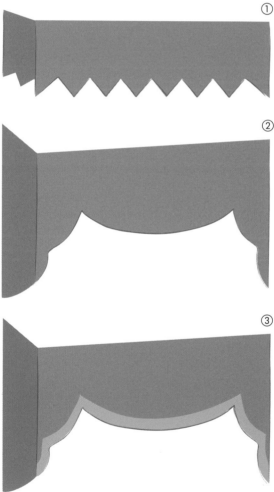

Les bandeaux profilés sont attrayants et donnent de la profondeur. Bandeau en zigzag ①, festonné ②, festonné avec bordure contrastée ③.

Des barres en laiton peuvent être actualisées par des embouts modernes. Barillet cannelé ①, cage ②, diamant ③.

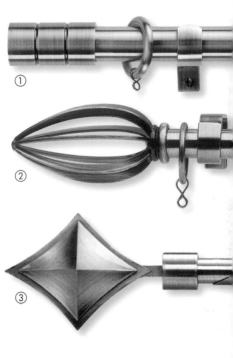

①

②

③

Les têtes de rideau peuvent équilibrer les proportions. Pour ces lourds rideaux décoratifs doublés, la partie supérieure du rideau a été garnie d'un passepoil, puis repliée pour former un volant structuré en guise de réplique décorative à l'étoffe qui se répand au sol. Au lieu du passepoil, la bordure du volant aurait pu être garnie d'une cordelette tressée. Un store suspendu à l'intérieur de la fenêtre encastrée contrôle le niveau de lumière et d'intimité.

①

②

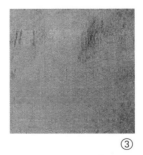

③

Pour des rideaux lourds au drapé uniforme, utilisez un tissu chenillé souple ①, une armure Jacquard en coton et en lin ②, un doupioni de soie doublé ③.

Entrées de porte

D'un point de vue pratique, les rideaux placés devant les portes coupent les courants d'air, mais cela ne vous empêche pas de le faire avec style ! Ici, une portière assortie d'une cantonnière à rideaux a été fabriquée à partir d'un somptueux satin duchesse noir orné d'un tissu tressé or. Le schéma percutant de noir et de blanc reproduit les tons de l'assemblage photo.

Les bandeaux constituent un ingrédient classique en matière de parement formel. Cantonnière profilée avec volant ①, cantonnière droite avec volant et bordure à profil ondulé ②, cantonnière droite avec festons garnis d'une frange et d'un cordon ③.

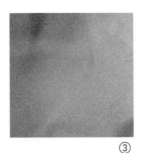

① ② ③

Un parement grandiose nécessite une étoffe grandiose. Médaillon tissé en laine et en coton ①, soie damassée changeante ②, satin or ③.

Pour parer une entrée ou combler une ouverture entre deux pièces, il est préférable de choisir des rideaux qui sont attrayants des deux côtés. Aussi, utilisez des rideaux à double face. Dans cette pièce à l'aspect seigneurial, deux rideaux confèrent un style splendide, le premier, tiré vers le côté par une embrasse, révèle la doublure contrastée du second.

Fenêtres en pointe

Des schémas de couleur plus pâle pourraient inclure une broderie de soie eau de nil ①, toile de lin vert pâle imprimée ②, un motif floral blanc tissé dans une toile de lin bleu pâle ③.

①

②

③

Les fenêtres de configurations inusitées, telles les fenêtres en pointes, peuvent être parées de manière à les mettre en valeur. Cette fenêtre pignon porte le sceau d'un habillage médiéval classique à deux épaisseurs superposées : un rideau de velours foncé jumelé à la légèreté d'un rideau translucide. Les deux sont froncés à partir de la pointe du plafond puis agrafés aux voliges des murs inclinés. Une paire de longues embrasses tressées les tire de chaque côté pour leur donner une forme qui épouse la ligne du pignon.

① ②

Les modèles de glands peuvent être fantaisistes. Gland flamboyant aux couleurs vives et en forme de gouttelette avec garnitures or ①, gland et petite houppe de brins de laine suspendus à rosette ②.

Un jardin d'hiver spacieux revêt un aspect estival par l'entremise d'un tissu en coton simple en coton à rayures étroites. Le tissu à proximité des fenêtres semble léger et translucide, mais lorsqu'il est doublé et suspendu de chaque côté de l'entrée, les rayures paraissent plus larges. Une cantonnière en zigzag reproduit la forme du toit pignon. Les franges en jute et les embrasses tressées sont assorties à l'ameublement d'osier et mettent le jardin en valeur.

①

Les ornements donnent du relief à la forme des cantonnières. Une bordure mince et contrastée délimite des plis creux étagés en alternance ①, des perles en forme de gouttelettes suspendues à chaque bannière prolongent la forme ②.

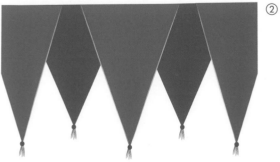

②

Éclectique

La définition d'un style éclectique pourrait inclure les termes différent, dramatique, singulier, imaginatif et personnalisé. Ce style assortit les tissus, les couleurs, les techniques et les accessoires d'une manière inattendue. Il repousse les conventions, n'est jamais mué par la mode ou les traditions. Le style éclectique est toujours rafraîchissant et même, parfois, un peu exubérant.

Le style éclectique fusionne les idées de la mode classique, contemporaine et des styles rustique et international, mais il leur confère une touche originale par l'entremise de tissus fastueux, d'ornements flamboyants et d'agencements de couleurs vives. Le style éclectique peut rehausser les détails architecturaux d'une maison d'époque et aussi ajouter de l'éclat aux espaces dépouillés d'un bâtiment moderne.

Votre schéma peut s'inspirer d'une étoffe que vous aimez particulièrement – d'une broderie sur voile ou d'un imprimé extravagant, par exemple. Votre inspiration pourrait aussi provenir d'une passion pour les couleurs et pour les différentes manières de les assortir. Le style éclectique peut même s'élaborer à partir d'une collection d'accessoires ou d'œuvres d'art que vous possédez et que vous souhaitez ainsi enrichir, ou simplement servir à parachever vos autres choix décoratifs. Lorsque vous avez choisi votre tissu, essayez de le mettre en évidence de manière inusitée. Optez pour des têtes de rideaux à nouettes, ou un cordon enfilé à travers une tête de rideaux à œillets. Vous pourriez aussi retenir les rideaux à l'aide d'un cordon tressé, d'un collier de fleurs en soie ou d'une guirlande en billes de verre. Un ornement de boutons nacrés cousu sur la bordure ou le côté avant d'un rideau réfléchit la lumière, alors que des glands suspendus aux plis d'une tête de rideau ajoutent du mouvement à l'ensemble.

Peu importe vos sources d'inspiration, l'élément clé d'un style éclectique réussi consiste à sortir des conventions et à juxtaposer vos idées, afin de parvenir à un résultat étonnant et hors du commun.

Pour un style éclectique réussi, brisez toutes les conventions. Les rideaux légèrement froncés de cette chambre à coucher offrent un contraste saisissant au mélange de couleurs vives de ton rose, orange et bleu électrique.

Fenêtres à vantaux

Pour conférer une touche percutante aux fenêtres à vantaux, tirez un pan de rideau d'un seul côté à l'aide d'une embrasse tressée somptueuse. Un tel habillage voile une partie de la lumière du jour, mais dans certains cas, cela importe peu. Ici, le rideau de soie à rayures est chapeauté d'une tête de rideaux aux plis gobelets et ornés de boutons en laiton assorti à la barre de soutènement.

Les embrasses tressées sont disponibles en une multitude de couleurs et de styles. Celles munies de billes de verre réfléchissent la lumière et ajoutent une touche d'extravagance.

Parfois, les fenêtres à vantaux sont ternes, mais un habillage éclectique peut leur donner de l'éclat. Ici, des pans d'étoffe translucides vert vif sont suspendus en alternance avec d'autres, plus lourds, en coton vert foncé, enfilés sur une barre placée plus haut. Les rideaux pourvus d'un passe-tringle se tirent moins facilement et sont donc retenus par des embrasses. La lumière qui pénètre dans la pièce rappelle l'effet du soleil qui s'infiltre à travers le feuillage : un lien subtil avec les tissus imprimés d'aspect exotique de l'ameublement.

Envisagez de nouvelles façons de retenir vos rideaux. Parement standard avec embrasses de chaque côté, à hauteur du seuil de la fenêtre ①, deux pans réunis au centre et retenus par une seule embrasse ②, habillage asymétrique avec pans de rideaux retenus à hauteurs différentes ③.

Les étoffes légères et texturées sont idéales pour le style éclectique. Motif en médaillon tissé dans voilage ①, voilage ondulé ②, voilage imprimé ③.

Fenêtres cintrées

Les fenêtres cintrées constituent un bienfait pour les adeptes du style éclectique. De facture stylisée et hors du commun, il est facile de les parer d'une touche qui étonne et détonne. Ici, une palette de couleur mauve confère une atmosphère luxueuse à cette chambre à coucher. Le voilage imprimé aux motifs surdimensionnés assortis aux rideaux en satin pleine longueur encadre l'ensemble de fenêtres en cintre longiligne aux impostes en forme d'éventail.

①

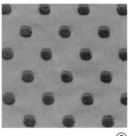
②

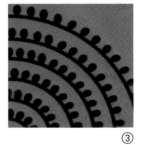
③

Les étoffes aux textures et aux combinaisons de couleurs inusitées conviennent au style éclectique. Imprimé en toile de lin taupe sur fond blanc avec éclats de rose ①, tache de velours rose sur tissu vert lime ②, points en floc noirs sur taffetas changeant bleu ③.

Une approche éclectique favorise la fusion de styles hétéroclites. Ici, l'aménagement formel de l'ameublement est en contradiction avec les accents inusités de couleur pourpre et or, rehaussé d'orange et de noir. Des stores verticaux violet foncé en vinyle accentuent de manière élégante le pourtour des deux fenêtres cintrées pour créer un agencement de couleurs et de formes cohérent et structuré.

①

Des stores qui épousent la forme intérieure d'un châssis de fenêtre constituent une excellente façon de rehausser l'aspect d'une fenêtre cintrée. Store plissé de forme conventionnelle assorti d'un store fixe distinct en forme d'éventail ①, store de forme conventionnelle en tissu cellular assorti d'un store opérationnel distinct de forme arquée ②, store bateau fixé à un panneau de forme arquée recouvert de tissu ③.

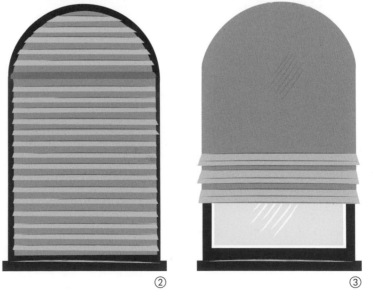

②   ③

Portes françaises
et portes coulissantes

Lorsque le manque d'espace de chaque côté d'une fenêtre vous empêche de tirer les rideaux, diminuez l'ampleur de ceux-ci. Ici, des rideaux non doublés suspendus par des anneaux ont été conçus avec d'étroits plis ronds pour leur donner une ampleur plus facile à gérer. Le motif à carreaux surdimensionnés de l'étoffe s'harmonise aux autres couleurs chaudes de la pièce. La barre en bois d'aspect robuste et de teinte foncée reproduit l'aspect des lignes horizontales franches de la moulure et des cadres suspendus.

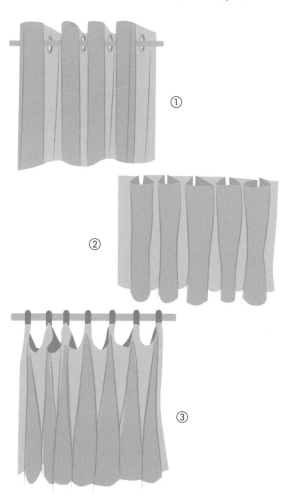

Les plis de rideaux fixes maintiennent l'ampleur du rideau et créent de profonds replis. Plis gobelets ①, plis creux ②, plis ronds ③.

Il est parfois préférable de diffuser la lumière au lieu de la laisser pénétrer pleinement. Cette salle à manger moderne pourvue d'un plafond vitré inonde l'aire de repas de lumière naturelle. Les magnifiques pans de voilages brodés noirs suspendus devant les portes coulissantes assombrissent subtilement le point de vue dirigé vers le jardin. Ces voilages sont noués à une barre étroite en laiton fixée dans l'espace étroit situé entre le haut des portes et la partie inférieure des impostes.

Le diamètre des barres en métal est habituellement inférieur à celui des barres en bois, ce qui les rend fort utiles lorsque l'espace est restreint. L'aspect des barres en métal est plus gracieux, surtout lorsque celles-ci sont ornées d'embouts délicats. Embout floral ①, embout tulipe ②, embout crochet de berger ③.

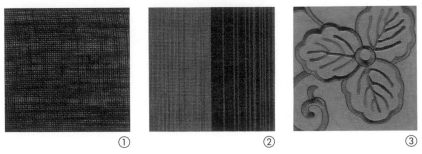

Pour des voilages plus sombres, optez pour une toile de lin unie rouge rubis de poids léger ①, un voilage foncé or et brun à rayures horizontales ②, une somptueuse broderie couleur bronze sur filet brun ③.

Fenêtres à guillotine

Les rideaux aux doublures contrastées vous permettent d'obtenir un style éclectique, en raison des deux couleurs distinctes. L'incontournable rose des rideaux de cette élégante fenêtre à guillotine est percutant. Les deux pans sont tirés de manière à révéler la doublure orange contrastée. Une embrasse tressée maintient le tissu en place. Dans l'ensemble, en dépit d'un clin d'œil à certains éléments de style classique, cette chambre à coucher est constituée d'une joyeuse explosion de couleurs, de motifs et de textures.

①

②

③

Plusieurs schémas de couleur pourraient convenir à cette pièce. Vert et turquoise ①, bleu, blanc et rouge ②, noir prédominant, avec argent et or ③.

Installer des rideaux dans un espace restreint requiert une certaine réflexion. Dans cette salle à manger étroite, un pan de rideau constitué de quatre coloris éclatants est tiré vers la gauche de manière à ne pas obstruer les armoires à droite. Remarquez la longueur supplémentaire de la barre en métal fixée dans le petit espace entre le haut de la fenêtre et le plafond. Celle-ci permet au pan de rideau de dégager complètement la fenêtre et de laisser pénétrer un maximum de lumière dans la pièce.

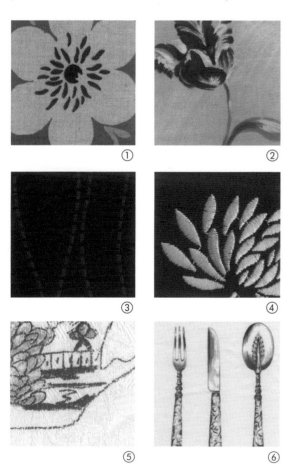

① ②

③ ④

⑤ ⑥

Les tissus aux imprimés graphiques conviennent bien à une salle à manger informelle. Superbe motif floral de grand format ①, motif de tulipes flamboyantes ②, motif aux rayures pointillées ③, motif de fleurs brodées ④, motif de tasse à thé chinois ⑤, motif de coutellerie monochrome ⑥.

Approches différentes

Le style éclectique fait fi de toutes les conventions, aussi il n'en tient qu'à vous et à votre imagination pour trouver des idées de parement extraordinaires. Ainsi, dans une salle à manger simple et décontractée, ce drapeau de pleine longueur devient un rideau inusité qui filtre la lumière à travers une fenêtre longiligne.

①

Des idées d'habillage amusantes et différentes pourraient inclure des motifs peints à la main sur les carreaux ①, des rideaux simples fabriqués à partir de tapis à tissu écossais bordés de franges ②, des pans constitués d'un filet de camouflage ③.

②

③

Une façon ingénieuse de récupérer les CD que l'on n'écoute plus consiste à les ficeler les uns aux autres et de les suspendre en bandes devant une fenêtre. Lorsqu'ils oscillent et tournent au gré de la brise, ceux-ci réfléchissent et réfractent la lumière à travers la pièce, en plus d'agir comme un écran.

Fenêtres panoramiques

Dans une pièce dominée par de larges fenêtres panoramiques qui n'offrent aucune partition apparente entre l'intérieur et l'extérieur, de lourds rideaux pleine longueur délimitent l'espace. Ici, des rideaux au motif rouge et orange vif peuvent aisément être tirés lorsqu'une atmosphère plus intime est requise. Pour maintenir l'aspect invisible de la division entre le salon et le jardin, la tringle à rails est entièrement dissimulée par un enfoncement dans le plafond.

Il existe plusieurs sortes de rubans qui permettent aux rideaux d'être tirés selon divers types de plis et de fronces. Ruban fronceur étroit d'une épaisseur de 2,5 cm piqué à 5 cm de la tête du rideau pour surmonter celle-ci d'un volant vertical ①, ruban plisseur pour un ouvrage plus soigné ②, ruban plisseur translucide pour voilages ③.

①

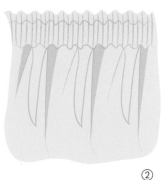

②

③

Pour les barres en bois foncé, choisissez des embouts accentués. Sphérique ①, carré ②, en forme d'urne ③.

① ② ③

Il arrive parfois que des rideaux soient conçus pour ne pas être tirés. Dans cette chambre à coucher par exemple, les stores vénitiens suffisent amplement pour contrôler le niveau de lumière et d'intimité. Le choix d'un bois foncé pour les stores et les autres accessoires confère un aspect vibrant et distingué au schéma de couleurs chaudes rouge et or. Pour adoucir les lignes franches du décor et créer une ambiance plus confortable, les rideaux décoratifs aux rayures éclatantes sont indispensables. Les fronces de chaque pan sont resserrées directement sur la barre pourvue d'un passe-tringle.

① ② ③

Le choix du tissu est crucial pour obtenir un effet foisonnant, quoiqu'équilibré. Songez à choisir des armures lourdes aux couleurs éclatantes. Chevrons brillants rose foncé dans mélange de tissus ①, rayures multicolores sur canevas de coton ②, rayures texturées sur velours ③.

Fenêtres « à problèmes »

Les tissus légers aux motifs éclectiques vifs et animés sont amusants. Recherchez des imprimés floraux contemporains sur coton léger ①, une broderie sur soie ②, une broderie sur toile de lin léger ③.

①

②

③

Les plafonds de formes inusitées limitent parfois l'espace pour parer les fenêtres comme dans cette salle de bains sous un toit incliné. Si la fenêtre à vantaux s'ouvre vers l'intérieur, des stores ne peuvent être installés. Une tringle a plutôt été fixée juste au-dessus de la fenêtre, dissimulée par de légers voilages vaporeux vert lime, splendidement froncés et surmontés d'une tête bouffante. Pour laisser pénétrer davantage la lumière, les rideaux sont retenus vers l'arrière par une boucle au lieu d'être tirés, de manière à ne pas révéler la tringle.

Les stores constituent un bon choix pour les fenêtres difficile à parer. Un store bateau en tissu translucide, pour une allure discrète et soignée ①, un store autrichien en tissu translucide, pour un aspect délicat et romantique ②, un store relevé par des liens, pour un store qu'on laisse habituellement fermé ③.

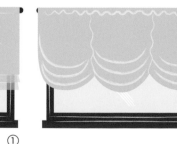

①

②

③

L'espace est restreint dans cette chambre à coucher. L'emplacement du lit entre deux fenêtres étroites et longilignes laisse très peu de place pour des rideaux. La solution consiste à parer chaque fenêtre d'un pan de rideau, surmonté ici de plis gobelets et orné de franges tressées sur le côté avant. Remarquez la hauteur des patères auxquelles sont suspendues les embrasses tressées. Cela permet ainsi de tirer et de lever les rideaux d'une longueur excessive, et de laisser davantage de lumière pénétrer à l'intérieur de la pièce.

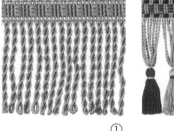

①

②

③

Les franges constituent un moyen décoratif d'accentuer d'une touche subtile le rebord d'un rideau ou d'une cantonnière en plus d'ajouter de la couleur, de la texture et de la finition. Frange tressée ①, en deux tons, avec glands ②, délicate, avec billes de verre ③.

Romantique

Le style romantique est esthétique et gracieux. Il interpelle les sens avec des étoffes douces et souples tout à fait palpables assorties de fronces, de volants et de festons agréables à regarder. Ce style peut consister simplement en une tête à rideau munie d'un passe-tringle ou en un ensemble plus formel, enjolivé de festons et de jabots. Quoi qu'il en soit, l'accent est toujours mis sur le tissu et l'ajout d'ornements délicats.

Choisir le bon tissu est crucial pour capter l'esprit romantique d'un parement. Souvent, pour réaliser ce style, il ne suffit que d'une dentelle diaphane, d'un chintz délicat à motif floral ou d'une somptueuse broderie sur soie. Les motifs varient du fleuri romantique aux attrayantes rayures et carreaux. Les couleurs romantiques sont assourdies et apaisantes, et agrémentées d'éclats de tons pastel pour accentuer la palette prédominé par les couleurs neutres et pâles. Les tissus qui conviennent le mieux sont habituellement légers. Les lignes franches d'une étoffe plus lourde peuvent être adoucies par une frange ou un volant.

Les ornements constituent toujours un élément clef du style romantique – des franges délicates aux billes de verre, aux plumes – aux pompons, même. Pour accentuer un habillage romantique d'un éclat ou d'un scintillement subtil, ornez les franges de coquillages nacrés ou de billes de verre qui réfléchissent la lumière. Les rideaux de style romantique doivent être retenus de manière solennelle, aussi choisissez de délicates embrasses tressées ou des patères décoratives en fer forgé. Les barres à rideau peuvent être en bois peint et vieilli ou en fer forgé traditionnel, mais elles ne doivent pas être trop lourdes ou imposantes. Plusieurs accessoires de petite dimension, tels une broche et un crochet, peuvent ajouter une touche de romantisme aux parements les plus modestes.

Dans cette pièce meublée d'accessoires soignés et délicats, de simples rideaux pleine longueur, non doublée, au tissu doux et soyeux tamisent l'éclairage et confèrent une ambiance romantique à l'ensemble.

Fenêtres à guillotine

Les têtes munies d'un passe-tringle sont simples et attrayantes. L'on peut y suspendre des pans droits ①, ou des rideaux froncés avec volant ②.

Pour une salle de bains, il est important de choisir des parements pratiques. Optez pour des tissus prélavés qui résistent à la vapeur et aux éclaboussures et si possible, pour un style de rideau facile à démonter et à laver. Dans cette salle de bains propice au prélassement, un tissu plus lourd ne conviendrait pas à des rideaux à proximité d'une baignoire. Des voilages froncés sur la barre et retenus par de jolies embrasses ont donc été choisis. Pour plus d'intimité, un pan d'étoffe translucide a été inséré dans une petite barre en laiton fixée en haut et en bas de la partie inférieure des fenêtres à guillotine.

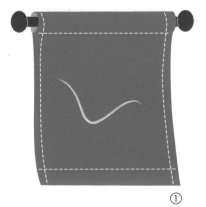

①

②

Les rideaux munis d'un passe-tringle sont habituellement fixes et ne sont pas conçus pour être tirés.
Pour un contrôle instantané du niveau d'intimité
et de lumière, fixez un volet roulant près de la
fenêtre, surtout si sa partie inférieure est profilée,
pour ainsi correspondre au style romantique. Sur
cette fenêtre à guillotine longiligne, des rideaux
décoratifs en soie à la tête étroitement froncée
sont suspendus à une barre en laiton. L'ensemble
dégage un aspect romantique.

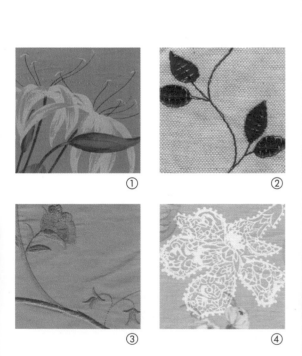

① ②

③ ④

Pour le style romantique, choisissez des tissus
fleuris d'aspect coquet. Lis peints à la main sur soie
or ①, broderie de feuilles grimpantes sur amalgame
de toile de lin naturel ②, broderie or sur soie ③,
broderie sur coton cannelé ④.

Fenêtres en baie

Le style romantique peut aussi être sombre et sensuel, tel que démontré par ce somptueux tissu en damas rouge et rose foncé à motif floral. Une étoffe aussi soyeuse et tactile constitue un bon choix pour réaliser des rideaux pleine longueur aux plis profonds devant une fenêtre en baie à panneaux, le tout agencé à un assortiment de coussins aux couleurs vibrantes.

① ② ③ ④

Pour un style qui dégage de la sensualité, choisissez des tissus texturés. Armure chenillée rouge foncé ①, damas de coton rouge et rose ②, damas de satin ③, broderie sur coton cannelé ④.

Une fenêtre en baie imposante dans une pièce au style simple et dépouillé requiert un parement plus atténué. Ici, des rideaux simples confectionnés à partir d'un voilage semi-translucide rose sont tirés des deux côtés d'une fenêtre en baie. Il existe des barres de rideaux pourvues de coudes flexibles qui suivent le pourtour de ce type de châssis, mais celles-ci ne conviennent qu'aux rideaux légers, comme il est illustré ci-contre.

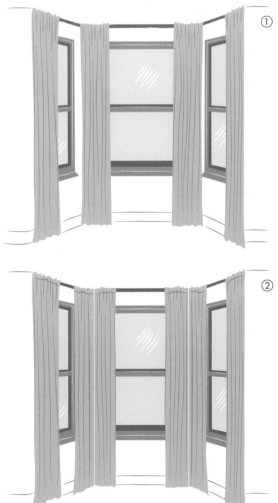

Pour ajouter une touche romantique, retenez vos rideaux légers à l'aide d'une délicate embrasse ornée de perles.

Si votre fenêtre en baie est large et pourvue d'espace entre les châssis, vous pouvez y suspendre quatre ①, ou même six ② pans de rideaux distincts.

Fenêtres panoramiques

Les bordures constituent une excellente façon d'agencer divers tissus dans une pièce et obtenir ainsi un ensemble équilibré. Dans cette jolie chambre à coucher, des bordures discrètes ont été ajoutées aux rideaux de coton jaune pâle suspendus devant les fenêtres. Leur tissu s'accorde parfaitement à celui des pans translucides insérés dans les poteaux du lit à colonnes.

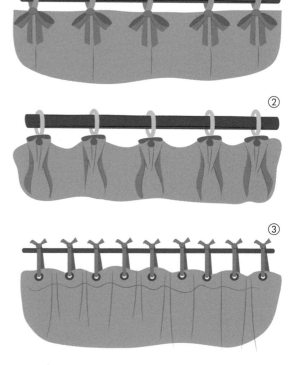

① ② ③

① ② ③

Pour un style romantique naturel et rafraîchissant, choisissez un coton léger à carreaux aux lignes claires ①, une broderie de fougère dans un amalgame de toile de lin ②, des rayures pastel imprimées sur satinette de coton ③.

Ajoutez de la légèreté à vos têtes de rideau avec des boucles fixées par un nœud ①, des plis pincés ②, des rubans noués à travers des œillets ③.

Lorsqu'une fenêtre panoramique offre un point de vue splendide, ajoutez simplement un drapé d'aspect romantique pour compléter l'ensemble. Choisissez une barre en bois élégante puis enfilez un tissu en coton fleuri attrayant autour de celle-ci en un double feston, afin que l'étoffe tombe de chaque côté de la fenêtre. Pour empêcher les festons de glisser, maintenez-les en place en cousant quelques points à travers les plis du tissu.

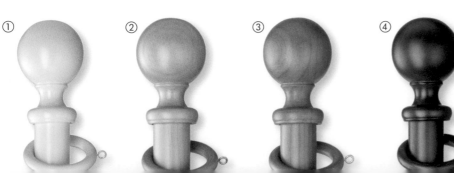

Il existe plusieurs types de teintures pour les barres en bois. Naturel ①, chêne pâle ②, chêne foncé ③, acajou ④.

Petites fenêtres

Les stores froncés constituent une option de choix pour les petites fenêtres, pourvu que le tissu soit assez léger pour laisser filtrer la lumière. Cette petite fenêtre difficile d'accès encastrée dans l'avant-toit d'une chambre à coucher est parée d'un store à plis creux au bouillonné souple. Pour maintenir des plis de belle configuration même lorsque le store est descendu jusqu'en bas de la bordure de la fenêtre, prévoyez une longueur du store supérieure à celle de la fenêtre. Ce type de store revêt un plus bel aspect lorsqu'il n'est pas relevé trop haut.

① ②

③ ④

Les imprimés fleuris traditionnels sur coton constituent le choix idéal pour une chambre à coucher romantique. Imprimé classique sur mélange toile de lin/coton rose ①, imprimé floral délicat sur mélange toile de lin/coton rose ②, motif traditionnel sur chintz en coton glacé ③, imprimé floral pastel sur satin de coton ④.

Il est possible de faire paraître une petite fenêtre plus grande qu'elle ne l'est en réalité. Ici, le store et les rideaux ont été fixés légèrement plus haut que le dormant supérieur de la fenêtre, et les rideaux tombent bien en deçà de la bordure de celle-ci. De plus, les tons légers et neutres des parements s'intègrent parfaitement au mur. Ces deux éléments donnent l'impression que la fenêtre est plus grande. Les rideaux en coton joliment froncés sont surmontés d'une tête à la passe-tringle froncée et d'une petite cantonnière tenante. Des volants ornent les ourlets et les côtés avant du rideau, rajoutant ainsi au charme de l'ensemble.

Un tissu dont la couleur contraste avec les environs attire les regards vers la fenêtre, mais pourrait aussi accentuer sa petite dimension. Rideaux pâles et neutres avec mur foncé ①, imprimé de rideau turquoise avec murs lilas ②, rideaux magenta foncé avec murs sauge ③.

Fenêtres à vantaux

L'aspect sobre des fenêtres à vantaux sied parfaitement aux parements romantiques. Dans cette chambre à coucher, les rideaux en coton léger aux rayures étroites sont surmontés d'une tête à la passe-tringle froncée. Des embrasses tressées suspendues à des crochets décoratifs en métal retiennent les pans de rideau. Un volant sur le côté avant des rideaux adoucit l'ensemble.

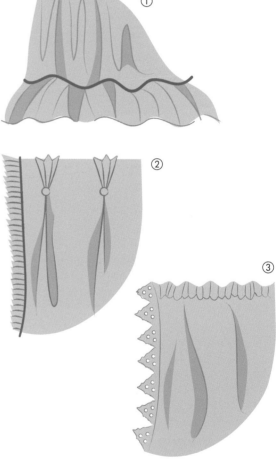

Un volant ajouté au côté avant d'un rideau ou à la partie inférieure d'une cantonnière adoucit l'ensemble d'un parement et le rend plus attrayant. Volant conçu du même tissu que celui des rideaux ①, bordure contrastée en plis plats ②, volant de dentelle tout fait ③.

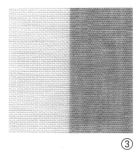

Au lieu d'une embrasse, utilisez une broche ou une attache décorative en laiton pour retirer le coin d'un rideau translucide ou en dentelle vers l'arrière.

Romantique ne veut pas nécessairement dire traditionnel. Ici, une touche moderne agrémente l'aspect romantique du parement de ces deux fenêtres à vantaux longilignes. La bordure horizontale constituée d'un tissu opaque et uni qui couronne les voilures à rayures cerise et or ressemble à s'y méprendre à une cantonnière. Le regard attiré vers le haut confère une sensation de hauteur à l'ensemble.

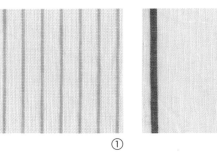

① ② ③

Pour une option romantique d'aspect naturel, choisissez une toile de lin léger tissée lâchement. Rayures minces turquoise sur fond blanchi ①, rayures alternées rose et mûre sur fond blanchi ②, bande turquoise et blanche ③.

Portes françaises

①
②
③

Si vos portes françaises s'ouvrent vers l'intérieur, assurez-vous de disposer d'un espace suffisant pour tirer les rideaux de chaque côté afin de ne pas les obstruer lorsqu'elles sont ouvertes. Ici, des rideaux de couleur unie sont ornés d'une bordure étroite de guingan rouge sur le côté avant du rideau. Cela adoucit la transition entre le point de vue intérieur et extérieur, et ajoute un détail décoratif attrayant coordonné à l'ameublement de la pièce.

Pour un parement d'aspect somptueux et équilibré, choisissez des tissus plus lourds ornés de tissages ou d'imprimés fleuris d'aspect romantique. Motif inusité d'arbres en rouge et rose sur toile de lin blanc ①, damas en satinette finement tissé avec fleurs roses sur fond de toile de lin non blanchi ②, motif floral stylisé en blanc sur toile de lin rose ③.

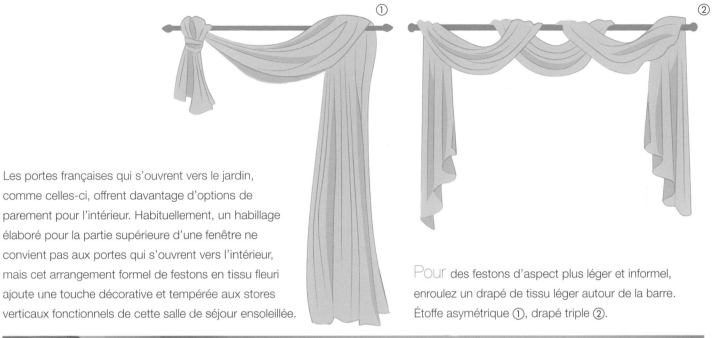

① ②

Les portes françaises qui s'ouvrent vers le jardin, comme celles-ci, offrent davantage d'options de parement pour l'intérieur. Habituellement, un habillage élaboré pour la partie supérieure d'une fenêtre ne convient pas aux portes qui s'ouvrent vers l'intérieur, mais cet arrangement formel de festons en tissu fleuri ajoute une touche décorative et tempérée aux stores verticaux fonctionnels de cette salle de séjour ensoleillée.

Pour des festons d'aspect plus léger et informel, enroulez un drapé de tissu léger autour de la barre. Étoffe asymétrique ①, drapé triple ②.

Fenêtres « à problèmes »

La dentelle est le tissu romantique de prédilection, surtout pour les chambres à coucher. Dentelle à motif de fougère ①, dentelle à motif de rose ②, motif floral avoine sur dentelle tissée large ③.

①

②

③

Cette fenêtre pose plusieurs difficultés. Elle est petite et de forme arquée, et son périmètre laisse très peu d'espace pour poser une tringle ou des rideaux. Le radiateur et la cage d'escalier ajoutent aux complications. Une solution attrayante a pourtant été trouvée par l'entremise d'un store bateau en tissu translucide fixé sur la partie rectangulaire de la fenêtre, tandis qu'un pan de tissu fixe froncé en un nœud décoratif voile la fenêtre en cintre.

Une fenêtre en saillie dans la pente d'un toit fortement incliné doit laisser pénétrer le maximum de lumière. Afin de conférer un aspect de hauteur et un style romantique à cette pièce au plafond bas, des rideaux de dentelle translucides ont été insérés dans une tringle fixée sur la partie supérieure de l'enfoncement de la saillie. De mignonnes embrasses en forme de boucles retiennent les rideaux à l'endroit du mur où se termine le plafond incliné. Le choix d'une dentelle vaporeuse permet à la lumière d'inonder la pièce durant le jour. La nuit, un volet roulant suspendu à proximité de la fenêtre contrôle le niveau de la lumière.

Pour maintenir les rideaux à proximité du châssis d'une fenêtre en saillie, suspendez la barre à l'intérieur de l'enfoncement de la saillie et fixez les embrasses de l'une des deux manières suivantes : sur le châssis de la fenêtre ①, ou sur le mur extérieur ②.

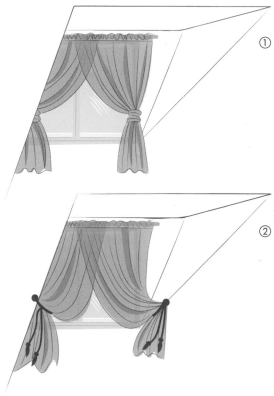

Cette pince au fini or en forme de guirlande utilisée avec des embrasses en dentelle enjolive le style romantique d'une touche délicate.

Rustique

Plusieurs d'entre nous souhaiteraient mener une existence paisible et sans histoire à la campagne, là où les espaces sont vastes, où il fait bon respirer et où le rythme des jours progresse avec lenteur. Cet élan de nostalgie pour une vie à l'ancienne s'exprime à travers le style rustique.

Où que vous soyez, le style rustique permet de transposer les couleurs naturelles de la campagne à celles de votre maison. Ce style peut toujours être apprêté à une architecture traditionnelle sise dans un environnement rural, que ce soit dans un simple chalet, une grange transformée ou une vaste maison de campagne, mais il peut aussi facilement être intégré à une maison moderne en ville.

Le style rustique est rafraîchissant et intemporel, comme la campagne. Il privilégie les parements de fenêtres sobres et fonctionnels réalisés à partir de tissus simples aux jolis ornements. Les rideaux sont simplement surmontés d'une passe-tringle ou d'une tête de rideaux aux plis pincés ou froncés. Ceux-ci peuvent être courts (jusqu'au rebord de la fenêtre) ou longs (jusqu'au plancher). Le style des stores s'apparente à la simplicité du store

relevé par des liens ou à celle du store bateau. Les barres munies d'embouts rudimentaires devraient être en fer forgé, ou en bois, peut-être avec une finition vieillie.

Comme toujours, le choix du tissu confère l'authenticité. Pour obtenir un style rustique, privilégiez le coton tissé ou les tissus à carreaux et à rayures, y compris le tissu écossais. Les imprimés fleuris, surtout ceux sur chintz en coton glacé et la toile de Jouy constituent deux autres options populaires. Pour un habillage équilibré, mélangez des tissus imprimés à petits motifs sélectionnés à partir d'une palette de couleurs limitée. Ou encore, assortissez un tissu fleuri à rayures ou à carreaux avec un autre motif à échelle réduite, tel le Paisley. Suivez cette approche en n'utilisant que deux couleurs, et vous réaliserez à coup sûr un parement classique de style rustique.

Les couleurs chaudes et les textures douces de cette salle de séjour sont caractéristiques du style rustique. Les rideaux pleine longueur à la tête non plissée sont suspendus à partir d'une tringle inusitée : un râteau.

Fenêtres à vantaux

L'aspect informel des fenêtres à vantaux sied parfaitement au parement rustique. Dans cette chambre à coucher aux murs clairs, un joli voilage au motif de pâquerettes orné d'un ourlet festonné tombe jusqu'au seuil de la fenêtre. Le passe-tringle de la tête des rideaux est surmonté de volants. Ce modèle préserve l'intimité, mais permet à la lumière de pénétrer. Lorsque vous suspendez de légers rideaux dans l'enfoncement d'une fenêtre, utilisez une tringle à tension. Son installation est simple, et un mécanisme à ressort interne maintient la tringle en place.

Pour un cachet rustique, optez pour des têtes de rideaux simples. Passe-tringle surmonté de volants ①, tête de rideaux froncée ②, passe-tringle lisse ③.

①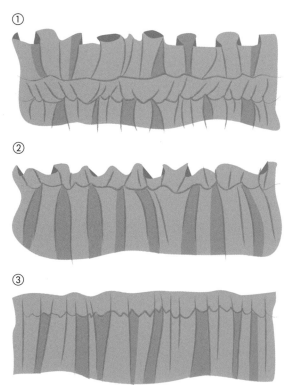

②

③

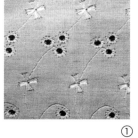

① ② ③

Les tissus légers et texturés conviennent parfaitement au style rustique. Broderie anglaise ①, dentelle ornée de pâquerettes ②, broderie de libellules sur soie pêche ③.

Les patères pour drapés sont fabriquées en bois ou en métal, et sont parfois munies d'une pince à l'arrière pour maintenir le tissu en place. Finition rose antique ①, finition or antique ②, finition or crème ③.

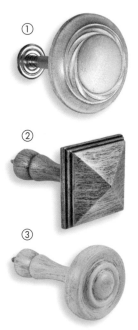

Le guingan et le tissu écossais donnent un aspect rustique à votre décoration. Ici, ce drapé réalisé à partir d'une étoffe à carreaux à doublure contrastée est simplement disposé au-dessus de deux patères en bois peints dans les mêmes teintes que le mur environnant. L'absence de rideaux confère un cachet simple et stylisé au drapé, mais pour plus d'intimité, vous pouvez ajouter un volet roulant derrière le drapé.

Fenêtres en coin

Ici, les rayures sont assorties d'un tissu de rembourrage fleuri et écossais, des éléments clés pour obtenir un intérieur d'inspiration rustique. Les tissus suivants peuvent également convenir : coutil gris/bleu avec motifs de chevrons ①, motif à carreaux sur fond de toile de lin ②, damas fleuri bleu pâle ③.

①

Les fenêtres disposées de part et d'autre d'un coin offrent un point de vue spectaculaire qui requiert un parement particulier. Dans cette salle de séjour, l'aspect des poutres du plafond et du châssis noir des fenêtres se répercute dans le choix du tissu des rideaux. Les pans à rayures larges en rouge, noir et crème suspendus à partir d'une barre noire sont surmontés d'un passe-tringle à plis pincés.

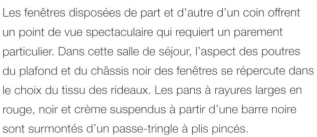

②

③

Lorsque deux fenêtres se trouvent à proximité d'un coin, vous pouvez les uniformiser. Ici, un double ensemble de rideaux s'acquitte très bien de cette tâche. Les deux rideaux suspendus à l'arrière sont de longueurs différentes. L'un tombe jusqu'au sol alors que l'autre s'arrête à la hauteur de la bordure de la fenêtre. Les rideaux fleuris aux plis prononcés sont strictement décoratifs. Les jolies embrasses en fleurs servent à dissimuler, en quelque sorte, la longueur discordante des rideaux à l'arrière.

Optez pour des barres et des embrasses ornées d'embouts élaborés en résine coulée en forme de tête de bélier.

Fenêtres à guillotine

Les proportions des fenêtres à guillotine longilignes conviennent parfaitement à la création d'un style de parement percutant. Ici, des rideaux pleine longueur en tissu écossais clair aux lignes franches sont ornés d'un drapé informel enfilé autour d'une barre en bois. Les jabots se rendent pratiquement à la hauteur de la bordure de la fenêtre. Un résultat attrayant dont l'effet serait amoindri devant une fenêtre aux dimensions moins bien proportionnées.

Pour réussir un parement avec un feston ou un drapé, équilibrez les proportions. En général, la longueur des festons devrait équivaloir à un cinquième de celle des rideaux, et la longueur des jabots, à deux ou à trois fois celle du feston. Jabots courts pour rideaux à hauteur du seuil ornés d'un feston devant fenêtre longiligne ①, jabots plus courts pour rideaux ornés d'un feston devant fenêtre large ②, jabots plus longs pour fenêtre large aux rideaux parés d'un feston double ③.

Les tissus imprimés de jolis motifs d'aspect campagnard conviennent parfaitement au style rustique. Motif de fraise éclatant ①, motif feuille et gland sur toile de lin ②, chintz fleuri ③.

①

②

③

Il existe une multitude de styles pour les barres, fabriqués à partir de plusieurs matériaux. Laiton traditionnel à finition polie ①, mélange stylisé de métal et de bois ②, bois verni ③.

①   ②   ③

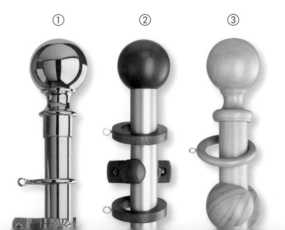

Les rideaux peuvent modifier les proportions d'une pièce de manière subtile. Dans cette salle de séjour à plafond élevé ornée d'une fenêtre à guillotine longiligne, des rideaux fleuris surmontés d'une tête aux plis gobelets sont suspendus à partir d'une barre beaucoup plus large que la fenêtre. Cela lui confère ainsi un aspect plus large, et révèle le tissu sous son meilleur jour.

Portes françaises

L'agencement de divers tissus imprimés à l'intérieur d'un schéma de couleur limité vous permet d'obtenir l'aspect informel du style rustique. Dans cet exemple classique, un schéma frais composé de bleu et de blanc crée un ensemble harmonieux, mais informel. Les deux rideaux, ceux en avant, au motif fleuri et à la bordure à petits carreaux, puis ceux en arrière, plus léger, au motif plus subtil, confèrent une profondeur aux portes françaises. Les deux rideaux sont surmontés d'un passe-tringle orné de volants et sont ramenés vers l'arrière par des embrasses en tissu. Les chaises et les tapis de table sont fabriqués à partir d'un tissu assorti comprenant des rayures. L'ensemble du schéma est cohérent, mais d'aspect décontracté.

Pour ajouter un tissu supplémentaire à votre parement, utilisez une doublure contrastée. Celle-ci sera mise en évidence lorsque le rideau sera retenu par une embrasse froncée placée à une bonne hauteur ①, ou ramené vers l'arrière ②.

①

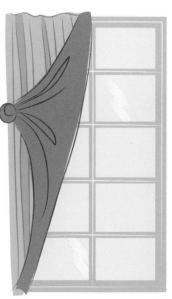

②

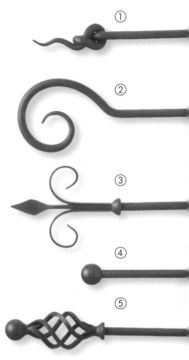

Les portes françaises qui s'ouvrent vers l'intérieur ne devraient pas être parées d'une
cantonnière ou d'un feston, afin de ne pas
obstruer les portes. Ici, une barre en fer forgée
ornée d'un embout en forme de crochet de
berger est disposée au-dessus d'une élégante
porte arquée, conférant un sentiment d'espace
et de hauteur à l'ensemble. Les rideaux qui
encadrent le point de vue sur cette paisible
terrasse sont constitués d'un tissu aux
couleurs chaudes.

①

②

③

Les rayures constituent un classique du style rustique. Rayures imprimées
en zigzag ①, tissage de rayures texturées ②, rayures multicolores imprimées
sur coton à armure sergée ③.

Fenêtres cintrées

Les fenêtres cintrées sont conçues pour être mises en valeur, aussi choisissez votre parement avec soin. Ce chalet possède un magnifique ensemble de fenêtres cintrées qui donnent sur un point de vue spectaculaire. Des stores en nid d'abeilles de couleur neutre fabriqués sur mesure ont été insérés dans chacun des carreaux afin de ne pas obstruer la structure de la fenêtre. Pour des stores fixés à une telle hauteur, un système d'ouverture à télécommande est essentiel.

Avec une fenestration d'une telle ampleur, le choix des couleurs de l'habillage devient crucial. Le bleu réfléchit le ciel ①, un rouge rouille agencé à l'ameublement attire le regard vers le décor intérieur ②, un gris assorti à la maçonnerie donne un effet de neutralité ③.

①

②

③

Pour un style percutant, optez pour des barres délicatement ouvragées ou moulées. Bois de cerise et embout en forme de boule ①, acajou noir et embout peint or ② acajou à relief torsadé et embout en forme d'urne ③.

Un schéma uniforme rehausse l'élégance de la structure des fenêtres cintrées. Dans cette salle de musique imposante, mais d'allure confortable, le motif des rideaux pleine longueur ressemble beaucoup à celui du papier peint, ce qui a pour effet d'accentuer les attributs de la fenêtre en cintre. La barre suspendue au-dessus de la fenêtre permet ainsi à la forme arquée d'être toujours visible lorsque les rideaux sont tirés durant le jour.

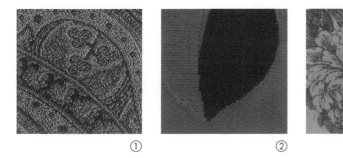

Le tissu en toile de Jouy de cette pièce est caractéristique au style rustique. Pensez également à un lainage à motifs Paisley ①, une feuille en velours coupé sur fond de satin ②, un motif floral traditionnel sur toile de lin teinte au thé ③.

Fenêtres panoramiques

Les fenêtres de très grande dimension constituent un point d'attraction, mais leur ampleur est parfois trop imposante. Dans cette salle à manger rustique, un simple store peu encombrant qui diffuse la lumière et préserve l'intimité minimise l'impact de l'immense fenêtre panoramique.

Les fenêtres longilignes conviennent autant aux parements démesurés qu'aux habillages simplifiés. Feston asymétrique ①, feston prononcé avec jabots en cascade ②, tête de rideau simple ③.

Un ensemble de grandes fenêtres panoramiques rapprochées laisse pénétrer une grande quantité de lumière, mais il faut parfois la contrôler. Il serait dommage, ici, de se départir de ce point de vue à couper le souffle. Aussi, un assemblage discret de stores verticaux en matériel translucide a été suspendu aux fenêtres, afin de permettre aux occupants de se prévaloir de la vue même lorsque les stores sont fermés.

① ② ③

Les stores verticaux procurent un contrôle précis de la lumière tout en offrant l'avantage de pouvoir les empiler serré lorsqu'ils sont tirés. Choisissez entre l'aluminium ①, le bois ②, le vinyle translucide ③.

Fenêtres en baie

① ② ③

Le chintz fleuri traditionnel constitue un élément clé du style rustique anglais. Tulipe imprimée sur coton fin ①, oiseau et fleur imprimés sur damas blanc ②, chintz fleuri traditionnel ③.

Les fenêtres en baie laissent pénétrer beaucoup de lumière et procurent une sensation d'espace. Ici, une grande fenêtre en baie est parée d'un habillage rustique de style anglais. Les trois paires de rideaux pleine longueur en chintz fleuri sont surmontées d'une cantonnière au profil ondulé (les cantonnières froncées sont plus longues vis-à-vis de l'aire de dégagement des rideaux, de manière à moins obstruer les fenêtres). La bordure de la cantonnière est ornée d'une jolie frange au profil palmé, alors que sa partie supérieure est accentuée d'un empiècement froncé paré d'un cordon or.

Les embrasses peuvent être suspendues à différentes hauteurs, mais la longueur des rideaux devrait toujours être plus grande que requise, afin d'éviter qu'ils soient trop éloignés du sol lorsqu'ils sont retenus. Embrasses avec cordon à mi-hauteur de la fenêtre ①, embrasses recouvertes de tissu à hauteur du seuil ②.

Les banquettes intégrées aux fenêtres en baie s'inscrivent bien dans le style rustique. Dans cette salle de séjour, des rideaux à la tête parée de volants sont suspendus en face d'une fenêtre en baie, laissant ainsi suffisamment d'espace pour encastrer une banquette confortable juste en arrière de ceux-ci. Les rideaux sont retenus par des embrasses cordées suspendues à des crochets fixés à une bonne hauteur. Cela permet de retirer les rideaux de chaque côté et de dégager la fenêtre, laissant ainsi un maximum de lumière pénétrer dans la pièce. Pour vous prévaloir de la banquette après la tombée du jour, posez des stores discrets à proximité des fenêtres.

Les glands en jute et en bois dégagent un aspect rustique.

Entrées de porte

Le style rustique fait souvent usage de portières. À l'origine, les portières servaient à couper les courants d'air dans les anciennes maisons. De nos jours, elles habillent les entrées de porte, elles voilent les portes d'entrée vitrées et elles servent à unifier le parement des portes avec celui des fenêtres. Pour les portes qui s'ouvrent vers l'intérieur, utilisez une tringle à portière, surtout si l'espace pour retirer les rideaux est restreint. Ainsi, lorsque vous quittez la maison, les rideaux se referment automatiquement pour couper les courants d'air et voiler les portes vitrées. Ici, un simple guingan agencé à un joli voilage à pois confère un style frais et rustique à l'ensemble.

①   ②   ③

Pour donner une qualité isolante aux portières et pour ajouter du volume à un coutil en coton à rayures multiples, utilisez une toile de renfort ①, tissu écossais bleu, blanc et rouge clair ②, denim gratté à rayures fines rouges ③.

Les tringles à portières pivotent pour suivre le mouvement de la porte. Un support fixé à la partie pivotante de la porte procure du soutien aux rideaux lourds et permet à la tringle de se déployer avec la porte.

Lorsqu'une porte intérieure s'ouvre en direction opposée des rideaux – ou pour une entrée sans porte – suspendez les rideaux à une barre fixée en haut du seuil, et tirez-les à la main. Ici, une soie imprimée généreusement doublée empêche les courants d'air de se rendre du couloir à la salle de séjour. Une barre en métal à la finition de peinture vieillie et ornée d'embouts en verre confère une touche délicate tout à fait en harmonie avec le style de l'étoffe.

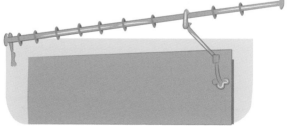

Certaines tringles pour portières sont munies d'un support à bras pivotant qui se redresse à l'ouverture de la porte, afin que l'étoffe ne se coince pas dans la porte. Les rideaux peuvent donc se rendre jusqu'au sol et ainsi couper les courants d'air qui s'infiltrent sous la porte.

Fenêtres « à problèmes »

Les petites fenêtres sont parfois difficiles à parer, mais le style rustique s'apprête bien à celles-ci. Dans cette jolie salle de bains, un habillage simple et dépouillé orne une minuscule fenêtre à enfoncement profond. Des rideaux non doublés en coton imprimé suspendus près de la fenêtre à l'intérieur de l'enfoncement procurent de l'intimité et tamisent la lumière. L'ampleur du drapé est réduite au minimum afin de dégrossir l'aspect du parement et permettre en même temps de disposer des accessoires sur le seuil de la fenêtre.

①

②

③

Les coordonnées en imprimé tirées d'une palette de couleur limitée constituent un bon choix pour les petites pièces et conviennent au style rustique. Motif noir sur blanc sur toile de Jouy ①, imprimé floral noir à petite échelle sur linon blanc ②, imprimé à pois blancs sur satin de coton noir ③.

Il est important de ne pas obstruer la lumière qui pénètre par une fenêtre mansardée, mais l'espace restreint situé autour du châssis limite vos options de parement. Les tringles pivotantes constituent une solution classique. Leurs supports sont munis d'une charnière qui déploie les tringles sur les côtés de la fenêtre durant le jour. La nuit, les embrasses sont dénouées et les tringles sont replacées devant la fenêtre. Ici, des rideaux à la tête ornée d'un passe-tringle sont suspendus à une tringle pivotante. Le tissu à carreaux agencé au papier peint confère un sentiment de confort et de cohérence à l'ensemble.

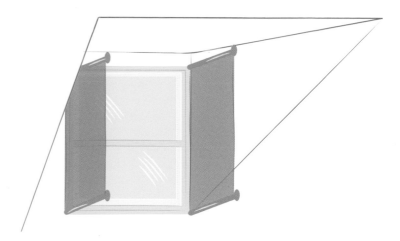

Un pan non doublé de tissu léger tendu entre deux tringles pivotantes crée un volet translucide.

Rétro

L'expression *rétro* provient de «rétrospective», qui signifie «regarder en arrière». De nos jours, ce terme est employé pour décrire les artefacts d'une époque révolue du 20ᵉ siècle, ceux, habituellement des décennies de l'entre deux-guerres à l'après-guerre, des années 1930 aux années 1970.

Le style rétro est caractérisé par l'inclusion, dans la décoration intérieure moderne, d'objets originaux en verre et en céramique débusqués dans des ventes-débarras, ou encore, d'ameublement, d'étoffes originales ou d'éléments d'éclairage de concepteurs connus tels Charles Eames ou Mies van der Rohe.

Le style rétro réfère également aux produits d'aujourd'hui inspirés d'une autre époque. Ceux-ci incluent l'ameublement, les accessoires et les tissus, mais aussi une grande variété d'articles tels les radios, les réfrigérateurs et ainsi de suite, qui offrent le même rendement que leur équivalent contemporain, mais dont les éléments du style sont empruntés à une période du passé.

Lorsque vous appliquez le style rétro au parement des fenêtres, le choix de tissu constitue encore et toujours l'élément le plus important.

Il existe une myriade de styles de tissus qui varient entre la reproduction d'anciens classiques, tels le tissu de recouvrement en moquette de l'époque *Art déco* des années 1930 aux imprimés hawaïens des années 1950, en passant par l'actualisation de thèmes anciens tels ceux réalisés par les concepteurs finlandais de chez Marimekko. Si vous souhaitez un habillage plus sobre, plusieurs options fidèles au style de cette époque sont disponibles.

Recherchez des accessoires contemporains d'aspect ancien, telles des barres en acier inoxydable ornées d'embouts inspirés du style des années 1960, ou de gracieuses embrasses tressées qui évoquent l'époque hollywoodienne des années 1930. Pour capturer l'essentiel du style rétro, il ne suffit parfois que d'un schéma de couleur ancien tels les tons pastel des années 1950 ou le pourpre des années 1970.

Les vénitiennes en bois évoquent l'ère Chandlerienne des années 1940.

Fenêtres panoramiques

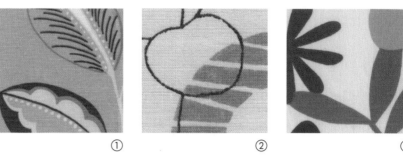

① ② ③

L'emplacement astucieux d'une barre ou d'une tringle à rideaux peut équilibrer les proportions d'une
fenêtre panoramique de grande dimension. Ici, la
barre est suspendue dans l'espace inoccupé situé
à mi-chemin entre la partie supérieure de la fenêtre
et du plafond. La tête de rideaux à œillets ondule
généreusement pour rehausser l'aspect du tissu
au motif surdimensionné inspiré des années 1950.

Plusieurs tissus imprimés soulignent le style rétro. Motif de feuille brun et
crème inspiré des années 1950 sur toile de lin turquoise ①, motif abstrait de
style années 1950 sur toile de lin blanche ②, imprimé floral de style années
1960 sur coton blanc ③.

Choisissez des
embouts dont la
forme s'inspire
des années 1950.
Tablette en verre
bronze ①, baguette
en érable ②, tranche
en verre glacé ③.

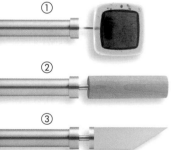

①

②

③

Les fenêtres panoramiques de grande dimension offrent des points de vue spectaculaires, mais elles favorisent l'accumulation de chaleur et l'infiltration de rayon ultraviolet. Dans cette salle de séjour, des stores en bois tissé filtrent la lumière, isolent la pièce de la chaleur et protègent l'ameublement. Ce parement ajoute un détail décoratif de distinction à l'ensemble d'inspiration rétro.

Pour dissimuler le mécanisme des vénitiennes et ajouter un cachet d'aspect rétro, surmontez celles-ci d'un parement recouvert de tissu. Cantonnière froncée de tissu de style années 1950 ①, cantonnière rigide de tissu de style années 1950 ②.

①

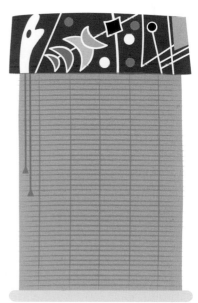

②

Fenêtres en coin

① ② ③

Complétez votre décor des années 1960 avec une barre en laiton ornée d'un embout stylisé. Cristal turquoise ①, verre vert ②, verre glacé ambre ③.

Pour réaliser un décor rétro authentique, reproduisez le style de parement associé à la période choisie. Au cours des années 1960, les rideaux étaient passablement minimalistes. Ces rideaux légers en coton d'un ton orange, propres aux années 1960, en constituent un exemple parfait. Ici, un seul pan de rideau est suspendu à chacune des barres minces fixées au-dessus des grandes fenêtres. Lorsque les rideaux sont tirés, le coin est dégagé et les deux fenêtres se fondent en un seul ensemble.

① ② ③

Cotons tissés de couleur unie inspirée des années 1960. Bleu turquoise ①, jaune soleil ②, orange brûlé ③.

Pour conférer une touche des années 1930 aux vénitiennes en bois, utilisez un pochoir pour peindre une bordure *Art déco* en forme d'éventail ①, ou un motif géométrique ②.

Lorsque deux fenêtres sont trop rapprochées d'un coin au point de nuire à l'installation de rideaux volumineux, des vénitiennes s'avèrent une solution convenable. Dans ce décor inspiré des années 1930, des stores en bois projettent des ombres contrastées à travers la pièce, ajoutant ainsi une touche de sophistication aux textures, aux couleurs assourdies et à l'élégance de l'ensemble.

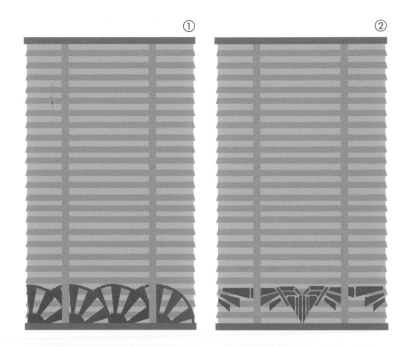

Fenêtres à vantaux

Les styles de décoration d'une époque révolue peuvent s'adapter aisément aux goûts d'aujourd'hui. Ici, des bandes verticales bleu uni ont été insérées à intervalles réguliers à des rideaux teints en chiné inspirés du style des années 1960. Cette modification atténue l'aspect distrayant du motif et redirige plutôt l'attention vers la hauteur de la pièce. Le recours à un choix subtil de couleurs au lieu des tons flamboyants typiques aux années 1960 contribue à l'adaptation réussie de ce tissu à un décor contemporain.

①   ②

③   ④

Des parements plus subtils inspirés des années 1960 peuvent inclure un tissu satiné double à motifs carrés ①, une impression batik mouchetée ②, un motif abstrait brodé sur tapisserie ③, un tissu plissé avec bordures de style indien ④.

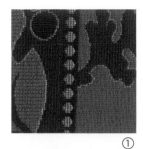

①

②

③

Au cours des années 1950, les étoffes furent influencées par l'art abstrait. Motif abstrait tissé aux couleurs vives ①, motif en diamant sur velours monochrome ②, motif abstrait tissé sur tapisserie ③.

Dans les maisons du milieu du 20e siècle, au moment où le modernisme pratique était encore associé à l'austérité de l'entre-deux-guerres, les rideaux à hauteur du bord de la fenêtre constituaient la norme. Ici, des rideaux au motif abstrait et exubérant tombent jusqu'au bord de la fenêtre, reproduisant ainsi fidèlement le style des années 1950. Le store en bois tissé derrière les rideaux contrôle le niveau de lumière et d'intimité et s'intègre bien à l'ameublement en bois.

Fenêtres à guillotine

Lorsqu'un chambranle de fenêtre est profond, il convient de fixer des stores à l'intérieur de l'enfoncement et de les suspendre près des carreaux, de manière à dégager le pourtour du châssis. Ici, des volets roulants constituent un choix classique qui ne détonne pas avec le style des années 1970 de ce coin-repas. Ce type d'habillage est également pratique dans la cuisine, car la poussière et les saletés ne s'y accumulent pas. Les volets peuvent être enroulés au besoin. Certains modèles sont conçus en tissu nettoyable et résistant aux taches.

①

②

Pour un style plus éclaté, recherchez des volets roulants ornés d'anciennes estampes. Sac à main et talons aiguilles ①, motif kaléidoscopique ②.

Les coordonnées de tissus à motif floral et de papier peint tirées d'une palette limitée confèrent un ensemble cohérent et d'aspect reposant. Ici, le style et l'ameublement traditionnel constituent une interprétation moderne de la décoration du début du 20ᵉ siècle. Des rideaux pleine longueur surmontés d'une tête aux plis pincés sont suspendus à partir d'une barre en bois peinte fixée à proximité du plafond.

①

②

Assortissez des motifs tirés d'une palette de couleur limitée pour créer un schéma harmonieux. Feuilles grimpantes délicates ①, feuille tissée dans Jacquard ②, fleurs tissées sur tapisserie ③.

Lorsqu'une fenêtre se rend presque jusqu'au plafond, il arrive parfois de manquer d'espace pour fixer une barre, surtout si le plafond est orné de moulures. Barres suspendues à partir du plafond ①, tringle à rails fixée au plafond ②.

Portes coulissantes

La partie centrale d'une porte coulissante est parfois inesthétique. Dans cette salle de séjour de style inspirée des années 1970, un système composé de deux barres distinctes supporte des rideaux fonctionnels surmontés d'une tête à œillets placés devant une bannière rayée. Cette bannière centrale dissimule astucieusement le châssis de la fenêtre et fractionne, en quelque sorte, la largeur excessive de la fenêtre. La couleur des tissus évoque celles de la fin des années 1960/début années 1970. Les tissus s'agencent à l'ensemble et complètent bien les autres éléments d'époque tels l'éclairage et les objets en verre.

Le choix d'un schéma de couleur propre à une période révolue constitue un excellent moyen de rendre un style rétro cohérent. Orange et rose psychédélique ①, pop art noir et blanc ②, orange des années 1970 ③.

①

②

③

Des panneaux plats peuvent servir de cadre à une grande porte coulissante. Ici, des panneaux dont l'en-tête est doté d'un profond fourreau sont suspendus à partir d'une barre en acier ornée d'embouts en verre. Le tissu, un imprimé floral flamboyant, évoque tout à fait les années 1960. Pour une touche inattendue, choisissez deux palettes de couleurs sensiblement différentes pour chaque panneau, une couleur de fond foncé pour l'un, et pâle pour l'autre.

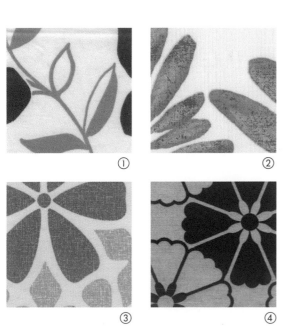

① ②

③ ④

Les imprimés floraux éclatants sont caractéristiques des années 1960. Imprimé floral multicolore sur coton blanc ①, pétale bleu surdimensionné imprimé sur coton blanc ②, motif de pâquerette orange et beige ③, fleur stylisée en floc orange foncé sur fond en toile de lin ④.

Fenêtres en baie

Les fenêtres en baie constituent une excellente occasion d'installer des banquettes encastrées. Pour vous prévaloir de cette aire de repos en préservant votre intimité en tout temps de la journée, suspendez des stores, des persiennes ou de petits rideaux fonctionnels dans l'enfoncement de la fenêtre. Ici, les rideaux pleine longueur suspendus à partir d'une barre déployée devant la fenêtre en baie sont strictement décoratifs. Ils atténuent l'ensemble et ajoutent de l'élégance. L'aspect rétro est réalisé par l'entremise d'un tissu dont l'imprimé et la couleur monochrome évoquent les années 1960.

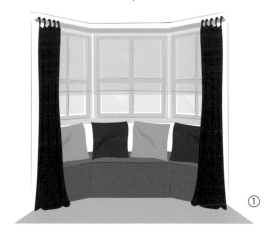

①

②

Les banquettes encastrées dans une fenêtre en baie constituent un défi au moment de déterminer l'habillage. Rideaux pleine longueur avec stores suspendus près des fenêtres ①, petits rideaux à hauteur du bord suspendus près des fenêtres ②.

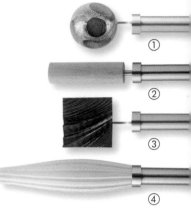

En complément à ce type de décor, choisissez l'un des embouts suivants. Verre flotté ①, baguette en érable ②, carré à surface ondulée ③, cartouche en érable ④.

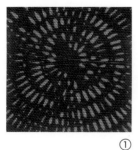  
① ② ③

Un magnifique et imposant ensemble de fenêtres cintrées encastrées dans une baie profonde surmontée de moulures en plâtre élaborées constitue une occasion rêvée d'utiliser de grands pans de tissus pour les voilages et les rideaux de face. Un tissu rétro flamboyant typique de l'époque des années 1960 et 1970 contraste avec style avec les éléments traditionnels de l'architecture.

Les motifs éclatants de type médaillon sont caractéristiques des années 1960 et 1970. Motif circulaire abstrait imprimé sur amalgame en toile de lin ①, petits et gros points sur fibre synthétique satinée ②, pâquerettes surdimensionnées tissées sur tapisserie ③.

Universel

Depuis les débuts de la circumnavigation et des échanges commerciaux il y a de cela plusieurs siècles, les artefacts et les textiles ont traversé les continents et influencé les styles. Aujourd'hui, nous disposons d'un choix phénoménal d'ameublements, de tissus et d'œuvres d'art de tout style et de tout lieu autant lors d'une visite dans un pays étranger que dans un commerce de notre communauté. Jamais il n'a été aussi simple de parer nos habitations d'éléments décoratifs d'inspiration exotique.

Choisir un parement de fenêtre pour réaliser un style exotique peut simplement consister à choisir un volet roulant pratique pour reproduire la simplicité et le minimalisme japonais ou une vénitienne en bois pour évoquer l'aspect rustique de l'Afrique. Vous pourriez aussi être tenté de recourir à des tissus exotiques telles les magnifiques réserves batik indonésiennes pour créer des rideaux. Certaines étoffes sont associées aux styles traditionnels de pays en particulier. Ainsi, le chintz fleuri est caractéristique de la campagne anglaise, tandis que les motifs provençaux sont synonymes du sud de la France.

La couleur constitue un ingrédient important du style universel. Un bleu vif avec du blanc évoque instantanément les îles grecques, tandis que des tons éclatants de rose et d'orange nous transportent d'ores et déjà dans le sous-continent indien. Les accessoires et les ornements peuvent aussi rappeler certaines contrées éloignées. Un rideau à pattes orné d'une bordure de perles nacrées, suspendu à partir d'une barre en bambou suscite immédiatement une île des mers du Sud. Une barre en fer forgé suggère fortement l'Espagne, tandis qu'une embrasse tressée exotique peut vous remémorer les plaines africaines.

Que votre schéma s'inspire d'une région spécifique ou de contrées distantes, il est indéniable que l'intégration de styles universels crée un décor unique.

Dans cette chambre à coucher exotique, les replis généreux des voilages vaporeux noués aux barres en bois filtrent la lumière et parachèvent le cachet sud-est asiatique de l'ameublement.

Fenêtres à guillotine

Les barres à la finition en laiton antique constituent un choix de distinction. Torsadé, avec embout en forme d'urne ①, rainuré, avec embout en forme de gland ②, lisse, avec embout rond ③.

①   ②   ③

Les couleurs foncées et les tissus texturés créent un style opulent et cosmopolite. Ici, deux fenêtres à guillotine se fondent en une seule. Des rideaux lourds surmontés d'un passe-tringle ample sont suspendus à une barre en bois massif. Les pans sont retenus par des embrasses tressées de style élaboré suspendues à des patères en bois.

Les armures texturées conviennent parfaitement à ce style opulent. Point brodé dans une étoffe à motif quadrillé bleu foncé ①, rayures aux tons éclatants ②, abeilles brodées dans satin or ③.

Pour remplacer les vénitiennes en bois, optez pour des stores bateau en bois tissé ①, un store enroulé en bambou refendu ②.

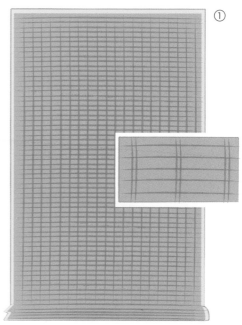

①

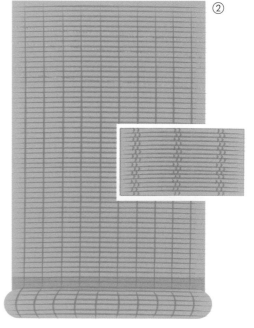

②

Les vénitiennes en bois mettent en valeur la beauté du bois naturel. Elles sont offertes en plusieurs styles de finitions naturelles ou peintes. Pour un ensemble cohérent, choisissez une finition qui ressemble le plus possible à celle du châssis. Ici, les artefacts tribaux et les textures naturelles confèrent un aspect nord-africain à cette pièce. Ils s'intègrent bien aux vénitiennes en bois.

Fenêtres à vantaux

Certains styles sont simples à reconstituer. Pour un style inspiré des îles grecques, choisissez l'agencement quintessenciel bleu et blanc, puis dégrossissez l'ensemble de manière à ce qu'il comporte du briquetage peint, des planchers en céramique et des poutres apparentes. Ajoutez des ameublements bleu et blanc, ou blanc sur blanc. Pour les fenêtres, utilisez des rideaux blancs non doublés surmontés d'une tête aux fronces profondes et d'un volant suspendu à des barres en bois peintes. Si les fenêtres s'ouvrent vers l'intérieur, comme celles-ci, assurez-vous de pouvoir tirer les rideaux suffisamment loin pour dégager les fenêtres.

Les barres en bois peintes à la main et ornées d'embouts sculptés peuvent évoquer de lointaines contrées. Cannelée avec embout en forme d'obélisque et peinte en blanc avec rehauts bleu nuage ①, rainurée avec embout en forme de gland et peint en bleu nuit avec rehauts or ②, lisse, avec embout de style arabe et peinte en crème avec rehauts pourpres ③, cannelés, avec embout cannelé et peint en ivoire pâle avec rehauts bleus ④.

① ② ③ ④

Pour voiler une fenêtre éclairée d'une manière distinguée d'inspiration européenne, utilisez un voilage à pois foncé assorti d'un rideau en floc luxueusement texturé. Les deux rideaux sont enfilés autour d'une même barre en chrome, créant ainsi de profonds replis uniformes qui reflètent la symétrie de l'ensemble. Le carreau supérieur en vitrail reste visible à travers le voilage.

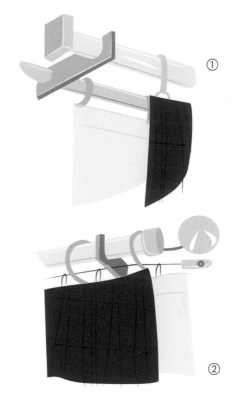

① ②

Pour tirer deux rideaux distincts de façon indépendante, utilisez un système à barre double ①, à barre avec fil métallique ②.

Les tissus de style à surface brillante et texturée dégagent un aspect éblouissant. Feuille surdimensionnée tissée dans la soie or foncé et tissu double en coton ①, damas moiré noir sur turquoise ②, rayures animées noires et magenta ③.

① ② ③

Fenêtres en baie

Les fenêtres en baie sont souvent constituées de plusieurs fenêtres, mais un parement peut parfois les unifier. Ici, les trois fenêtres logées dans un enfoncement sont habillées d'un store en tissu d'inspiration extrême-orientale. Une paire de rideaux pleine longueur suspendue devant des fenêtres intègre l'ensemble. Les motifs et les bordures à rayures verticales représentent toujours un choix judicieux pour des stores, en partie parce qu'ils sont toujours exposés à plat et qu'ainsi, l'impact visuel du motif ne se perd pas dans les replis du tissu. Les replis d'un store sont habituellement horizontaux, tels ceux d'un store bateau, aussi les éléments du motif ne sont pratiquement jamais entrecoupés.

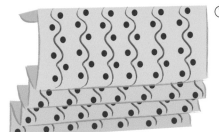
①

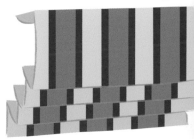
②

Les replis horizontaux d'un store bateau rehaussent l'impact visuel des rayures verticales. Rayures fines ①, rayures larges ②.

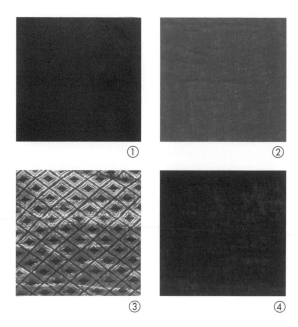

①　②　③　④

Les étoffes aux couleurs vibrantes qui brillent et scintillent tissent des liens entre l'Orient et votre maison. Soie en douppioni rouge ①, voilage en coton tangerine ②, armure géométrique orange et or ③, tissu translucide pourpre foncé ④.

Incorporez le style d'une casbah à votre résidence par l'entremise de voilages diaphanes superposés qui tamisent la lumière en une brume sèche du désert. Les couches superposées de tissus translucides de couleurs distinctes créent des agencements intéressants aux tons animés. Ici, un store a été suspendu derrière les voilages. Pour une touche plus exotique, ajoutez un rebord inférieur profilé, orné, par exemple, de perles de verre.

Fenêtres panoramiques

Le style planétaire permet des parements moins formels. D'un style décontracté typique au Sud, ces rideaux au motif abstrait sont suspendus à un fil métallique tendu le long d'une fenêtre au point de vue magnifique. Les fils de fer constituent un moyen minimaliste de suspendre des rideaux, mais ils supportent seulement des tissus très légers.

①

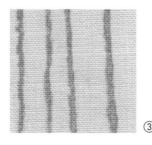

②

③

Une tige fixée au premier anneau d'un rideau vous aide à tirer les rideaux plus aisément et protège le tissu des manipulations.

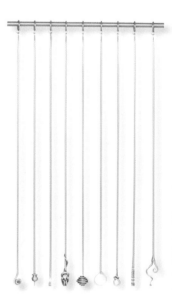

Le contour irrégulier du motif de ces tissus imprimés leur confère un aspect fait main.
Feuille ①, motif abstrait ②, rayures irrégulières ③.

Les stores en matériel diaphane laissent pénétrer la lumière même lorsqu'ils sont descendus. Dans cette cuisine d'inspiration japonaise, les fenêtres de pleine hauteur sont toutes dotées d'un store bateau qui diffuse la lumière. Lorsqu'il n'est pas essentiel de voiler complètement la lumière, suspendez les stores légèrement en retrait du dormant supérieur. Vous pourrez ainsi vous prévaloir d'un point de vue vers l'extérieur et préserver votre intimité; mais mieux encore, uniformiser les différentes hauteurs des deux ensembles de fenêtres, tel qu'il est illustré ci-dessous.

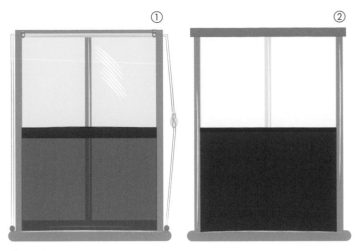

Certains volets roulants ingénieux voilent la partie inférieure de la fenêtre, mais laissent pénétrer la lumière par le haut. Volet roulant ascendant assemblé à hauteur du rebord et qui s'enroule vers le haut ①, volet roulant constitué d'un panneau de tissu opaque pour la base et d'un tissu à mailles blanc pour le haut ②.

Portes françaises

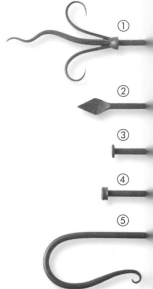

Les barres en métal minces ornées d'embout en fer forgé s'intègrent bien aux imprimés graphiques. Fleur de lys ①, pointe de flèche ②, extrémité plate ③, goujon ④, crochet ⑤.

Pour réaliser un style planétaire, le choix du tissu est crucial. Arrêtez votre choix en vous inspirant de saris, de sarongs et de paréos. Ici, les fenêtres françaises sont parées d'un panneau de tissu suspendu à partir d'une barre en métal mince. L'ameublement et le plancher en bois foncé sont agencés à une collection de textiles exotiques disposés à travers la pièce, créant une atmosphère qui évoque l'Extrême-Orient.

①   ②   ③

Les imprimés exotiques et les voilages texturés évoquent les contrées lointaines. Impression à la main sur coton rêche texturé ①, rayures imprimées à la main ②, voilage à jour à texture rêche ③.

①

②

③

Les vénitiennes sont très polyvalentes. Dans cette pièce, de simples stores en bois habillent les fenêtres. Voyez comment des stores distincts sont suspendus devant chacune de ces portes françaises s'ouvrant vers l'intérieur. L'imposte, située au-dessus, est parée d'un seul store sur toute sa largeur. La teinture foncée appliquée aux stores s'apparente à celle du parquet de bois franc. Cette chambre à coucher, avec son lit à colonnes en métal langé de coton blanc, semble provenir directement d'Afrique.

Le choix de couleur est crucial pour introduire une touche d'exotisme à votre décor. Palette de couleurs blanches en contraste avec un parquet d'ébène pour évoquer l'Afrique ①, teintes bleu foncé et terracotta caractéristiques à la Méditerranée ②, modèle de couleurs naturelles d'inspiration extrême-orientale ③.

Fenêtres « à problèmes »

Dans une salle de bains, le parement des fenêtres doit résister à la vapeur et à la saleté. Pour des fenêtres situées très près du bain ou de la douche, comme celles-ci, il est essentiel d'utiliser des matériaux résistants à l'eau, aux taches et aux moisissures. Ainsi, des stores résistants en matières synthétiques constituent un bon choix. L'intimité est un autre facteur d'importance à considérer. Voilà d'ailleurs pourquoi ces stores ascendants représentent un choix judicieux. Même lorsqu'ils sont relevés à un niveau suffisant pour préserver l'intimité, ils permettent encore aux occupants d'avoir un point de vue vers l'extérieur. Dans ce décor d'inspiration japonaise, les lignes élégantes et minimalistes des stores conviennent parfaitement à l'ensemble.

Les stores polyvalents qui montent et descendent autant à partir du haut que du bas d'une fenêtre contrôlent parfaitement le niveau de lumière et d'intimité. Store levé pour dégager la partie inférieure de la fenêtre ①, store baissé pour plus d'intimité ②.

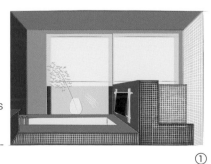

①

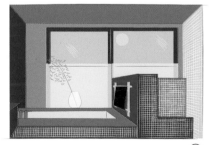

②

Des crochets pour embrasses et des attaches à rideaux constituent un moyen astucieux de suspendre des rideaux légers.

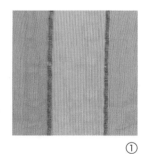  

① ② ③

Les couleurs flamboyantes des organzas de soie conviennent parfaitement au style universel. À rayures multicolores ①, à pois rose et tangerine ②, à motif de rose subtile ③.

Certains styles universels s'apparentent mieux à un décor décontracté, de type maison. Dans cette salle de bains inusitée, un thème d'inspiration indienne est abordé d'une manière éclectique tout à fait unique. Des tissus flamboyants de saris brodés sont suspendus lâchement. Devant la fenêtre, un voilage diaphane tamise la lumière, tandis que d'autres pans d'étoffe agissent comme des écrans, le tout créant une oasis de styles exotiques.

Pour enfants

La décoration d'une chambre pour enfants représente une occasion en or de donner libre cours à votre imagination. De nos jours, la plupart des ameublements pour enfants sont parachevés de couleurs éclatantes et d'images animées, aussi est-il possible d'adapter le décor d'une pièce à l'âge et à la personnalité de votre enfant. Pour rehausser l'aspect d'une chambre pour enfants, optez pour de simples matériaux telles des étoffes unies, à rayures ou à carreaux puis agencez-les d'après un schéma de couleurs pastel ou primaires.

Commencez par déterminer si vous souhaitez réaliser une aire de jeu haute en couleur et stimulante, ou plutôt un havre de paix propice au sommeil de votre enfant. Si ce dernier aspect est le plus important – pour un bébé ou un jeune enfant, par exemple – assurez-vous d'éliminer toutes les sources de lumière possibles. Pour un obscurcissement total, surtout durant le jour, suspendez un store fabriqué à partir d'un tissu d'obscurcissement à proximité de la fenêtre, ainsi que des rideaux doublés d'un tissu opaque. Assurez-vous que les rideaux affleurent le mur des deux côtés de la fenêtre, afin d'empêcher la lumière de s'infiltrer par les interstices. Puis parez le haut de la fenêtre d'une cantonnière recouverte d'un tissu opaque pour empêcher que la lumière soit réfléchie sur le plafond.

Prêtez attention à la sécurité. Pour un enfant le moindrement fureteur, les cordons qui pendent constituent un attrait et un danger potentiels. Aussi, fixez-les au-delà de leur portée ou évitez-les, si cela est possible. Nouez les embrasses à une hauteur supérieure à la normale et n'installez pas de rideaux excessivement longs et encombrants.

Enfin, n'oubliez pas que les enfants se développent rapidement. Laissez-vous du jeu pour adapter la décoration au gré des changements. Les motifs d'oursons deviennent vite désuets. Ainsi, utilisez-les pour des éléments qui s'échangent plus facilement, tels la literie et les coussins, plutôt que pour parer les fenêtres.

Dans cette chambre pour bébé, de jolis stores bateaux plissés roses sont surmontés d'une cantonnière pimpante profilée en zigzag.

Fenêtres à vantaux

Lorsque l'espace est restreint, des stores peuvent s'avérer plus pratiques que des rideaux. Ici, des volets roulants réalisés à partir d'un coton imprimé aux graphiques éclatants sont agencés aux coussins et à la literie. Pour des stores de ce type, choisissez un motif clair puis faites-le laminer d'un tissu d'obscurcissement afin d'éliminer toute infiltration de lumière. N'oubliez pas de le faire enrouler à l'envers – c'est-à-dire, de manière à ce que l'étoffe se déroule à partir du dessus – autrement, seule la doublure de l'étoffe sera visible.

① ② ③ ④

Les tissus imprimés pour enfants sont toujours amusants. Rayures barbe à papa ①, motif rétro de petites filles et de chiots ②, motif floral rose de style batik ③, motif papillon délicat ④.

Les stores d'aspect moins minimaliste favorisent l'obscurcissement, mais ils confèrent une touche discrète à l'ensemble. Store bateau légèrement plissé muni de pinces latérales et paré de glands ①, store en cascade ②.

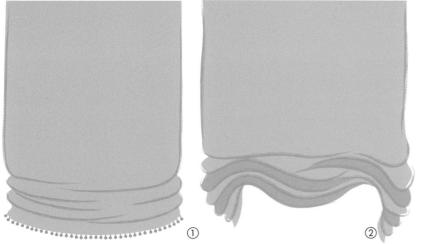

① ②

Si vos fenêtres sont pourvues de volets, prêtez une attention particulière aux parements que vous souhaitez ajouter. Dans cette jolie chambre pour enfant, des rideaux de guingan doublés sont suspendus à partir d'un bandeau en forme de baie et surmonté d'une tête aux plis gobelets profonds. Les rideaux sont attachés à l'italienne pour dégager la partie supérieure des volets. En plus de conférer une courbe gracieuse à l'ensemble des rideaux, le bandeau permet aussi d'ouvrir les volets sans qu'ils s'empêtrent dans les rideaux.

Une méthode alternative de créer un rideau en baie consiste à choisir une barre en acier inoxydable recourbée.

Fenêtres panoramiques

Le contrôle de la lumière est très important dans une chambre pour bébé. Ici, devant ces vastes fenêtres panoramiques, des stores polyvalents dotés d'un système de pales ajustables sont suspendus à l'intérieur de deux couches de tissus translucides. Lorsque les pales sont ouvertes, la lumière est diffusée ; lorsqu'elles sont inclinées, la pièce est protégée des rayons du soleil. Les entêtes des rideaux pleine longueur en tissu écossais sont recouverts d'une cantonnière en bois. Ainsi, lorsque bébé dort, toute la pièce est obscurcie.

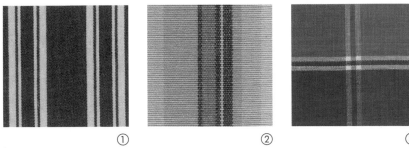

① ② ③

Les rayures et les carreaux constituent un excellent choix pour les chambres d'enfants. Coutil à rayures rouge vif ①, rayures tissées multicolores ②, tissu écossais bleu et blanc ③.

Pour un enfant plus âgé, il n'est peut-être pas essentiel d'obscurcir la pièce. Ici, un rideau lisse, non doublé et surmonté d'une tête à rideaux à pattes réalisé à partir d'un attrayant imprimé floral rose est suspendu à partir d'une barre en métal discrète. Le tissu translucide diffuse légèrement la lumière. Si le degré de luminosité constitue un problème, suspendez un volet roulant doublé d'une étoffe d'obscurcissement dans l'enfoncement de la fenêtre.

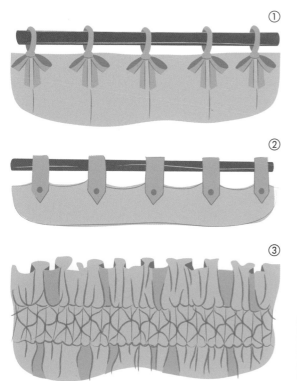

Des options aux têtes de rideaux à pattes comprennent une tête de rideau à nouettes ①, à pattes et à boutons ②, froncée, avec volant ③.

Portes françaises

Le bleu et le blanc constituent une combinaison de couleurs classique pour les chambres d'enfants, surtout avec des accents de rouge. Tissu écossais bleu et blanc ①, carreaux bleu, rouge et crème ②, rayures multiples en teintes variées de bleu et en rouge vif ③.

①

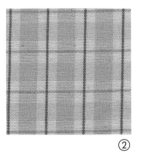

②

③

Le choix des couleurs est un élément clé du décor d'une chambre pour enfants. Dans cette pièce ensoleillée, des rideaux de pleine longueur en guingan bleu et blanc au motif surdimensionné sont suspendus devant de vastes portes françaises. Ces couleurs constituent un excellent choix, contrairement aux styles spécifiquement conçus d'après l'âge ou le sexe d'un enfant, une telle combinaison classique ne risque pas de se démoder. Ici, la palette blanche et bleue est rehaussée d'un minuscule accent de rouge : le ruban, au-delà de la portée des jeunes enfants, qui retient les rideaux.

Les stores relevés par des liens représentent le modèle le plus simple, mais ils ne sont pas conçus pour être relevés ou descendus avec facilité.

Si une porte française s'ouvre vers l'extérieur et qu'elle n'obstrue pas la porte, vous pouvez envisager l'installation de stores. Ici, un tissu animé se transforme en store soulevé en cascades suspendu dans l'enfoncement d'une porte française longiligne. Le tissu de ce type de stores doit être disposé avec soin lorsqu'il est relevé, aussi est-il avantageux de combiner ce parement à un volet roulant, car il permet un contrôle instantané de la lumière et de l'intimité.

①   ②   ③

Les adolescents raffinés adorent les motifs de style éclaté. Pois multicolores brodés sur coton rose foncé ①, motif curviligne avec rehauts métalliques ②, imprimé floral éclatant ③.

Fenêtres en coin

Le contrôle de la lumière, de la chaleur et de l'intimité constitue un facteur important, surtout si la chambre comporte plusieurs fenêtres. Ces stores polyvalents sont
constitués de deux panneaux en tissu distinct, l'un translucide et l'autre, opaque.
Un astucieux mécanisme d'ouverture ascendante et descendante offre une quantité d'options illimitée pour contrôler les conditions d'éclairage, variant entre l'atté-
nuement d'une lumière trop vive à l'obscurcissement complet de la pièce.

Choisir le bon
schéma de couleur est
important dans une
chambre pour enfants.
Rose pâle pour filles ①,
le bleu blanc rouge,
toujours populaire ②,
le vert et le jaune,
d'aspect reposant ③.

① ② ③

Embrasses de
cordelettes torsadées
aux couleurs vives.
Abricot ①, terre
de Sienne ②, bleu
Wedgwood ③,
orge ④, jade ⑤.

Ici, une utilisation astucieuse du décor établit une
démarcation entre les deux fenêtres en coin et crée
une illusion d'espace. En peignant les murs de deux
couleurs primaires contrastantes, le coin où se
rejoignent les couleurs se délimite avec netteté, et
les deux fenêtres deviennent clairement distinctes.
Dans cette chambre vibrante et colorée, des rideaux
avec motifs auraient été trop percutants. Au lieu
de cela, deux paires de rideaux unis en tissu bleu
foncé retenus par des embrasses cordées rouge vif
contrastent avec la couleur des murs environnants.

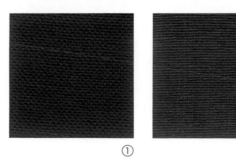

①   ②   ③

Les rideaux en tissus unis ajoutent des blocs de couleurs primaires aux
chambres pour enfants. Un solide coton tissé rouge rubis ①, bleu marine ②,
vert apaisant ③.

Fenêtres à guillotine

① ② ③

Les guingans à carreaux conviennent toujours aux chambres d'enfants. Rouge, à petite échelle ①, bleu poudre ②, rose pâle ③.

Le décor des chambres d'enfants devrait toujours être léger et bien éclairé. Dans cette jolie chambre à coucher, deux fenêtres à guillotine sont parées comme une seule fenêtre afin de maximiser l'ensoleillement. Cet effet est réalisé en surmontant les rideaux pleine longueur en coton crème d'une cantonnière ornée d'un volant. Les ourlets et le côté avant des rideaux sont bordés d'une large bande en guingan rose. La cantonnière affleurée au plafond comble l'espace situé au-dessus de la fenêtre.

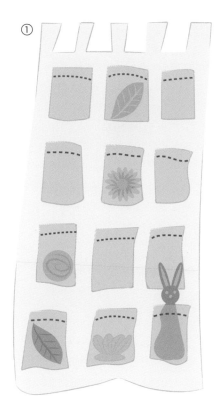

Une idée novatrice peut enchanter vos enfants et les motiver même, à ranger leur chambre en fin de journée. Assemblez une courtepointe en coton aux couleurs vibrantes pour réaliser un rideau pleine longueur. Ajoutez-y de grandes poches sur la partie inférieure afin que les tout-petits puissent s'amuser en rangeant leurs jouets.

Attribuer une nouvelle fonction aux rideaux d'une chambre pour enfant peut être à la fois pratique et amusant. Panneau en organza muni de pochettes pour photos, coquillages et fleurs séchées ①, rideau en feutre avec lettres et dessins fixés avec bande velcro ②.

Fenêtres « à problèmes »

Les fenêtres de toit constituent un excellent moyen d'inonder une pièce de lumière, mais vous devez pouvoir contrôler le niveau de la chaleur et de la lumière. Pour y parvenir, parez vos fenêtres avec des stores conçus spécialement à cet effet, disponibles en version plissée ou enroulable. Leur opacité varie de translucide à obscure. Ces stores s'insèrent en arrière de coulisseaux, situés le long des côtés du châssis, qui les maintiennent en place et empêchent toute lumière de s'infiltrer par les rebords.

D'autres moyens astucieux d'habiller les fenêtres en toit consistent à utiliser des cordages qui maintiennent l'étoffe à proximité de la fenêtre. Panneau retenu par cordage et anneaux ①, store bateau coulissant le long d'un cordage fixé au mur de chaque côté de la fenêtre ②.

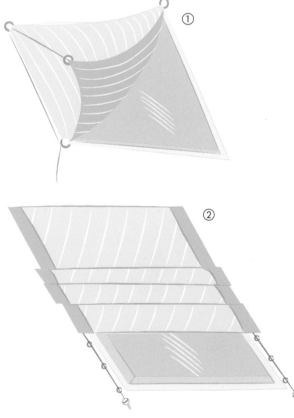

Les murs inclinés situés trop près des fenêtres peuvent limiter les options de parement. Cette fenêtre cintrée peu commode est tellement près du plafond incliné qu'elle laisse très peu d'espace pour installer un rideau. Une barre a été suspendue aussi loin que possible devant l'étendue de la fenêtre, tandis que des rideaux doublés aux motifs colorés inspirés de l'exploration spatiale détournent le regard de l'emplacement encombré.

Dans cette pièce, la barre enjolivée d'un embout de verre à l'éclairage DEL bleu ajoute un élément d'aspect branché.

① ②

③

Les motifs avec illustrations peuvent plaire aux garçons. Motif de cow-boy inspiré des années 1950 ①, montgolfière imprimée sur coton ②, étoiles et fusées de l'ère spatiale ③.

Têtes de rideau

Une tête de rideau remplit deux fonctions. La principale consiste à fournir un moyen de fixer le rideau à sa tringle ou à sa barre, soit par l'entremise de crochets insérés derrière la tête de rideau, ou à même celle-ci à l'aide de boucles, de pattes ou d'œillets. La fonction secondaire d'une tête de rideau consiste à donner de l'ampleur au tissu avec des plis ou des fronces. Le drapé peut demeurer fixe, comme pour une tête à rideau faite main avec plis pincés, ou être ajusté en tirant sur les cordelettes d'un ruban fronceur.

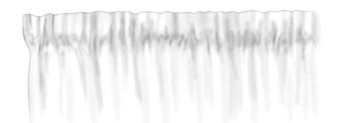

Passe-tringle ordinaire

Passe-tringle avec volant

Froncée

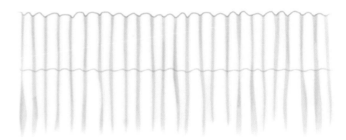

Plis faisceau

Plis gobelets

Ornée de smocks

Plis pincés

Plis ronds

Tête de rideau droite avec anneaux

Tête de rideau avec volant,
suspendue par anneaux

Tête de rideau bouffante avec anneaux

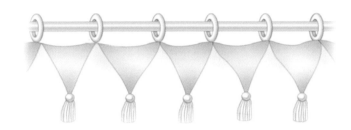

Tête de rideau ornée de bannières
rabattues, avec anneaux

Boucles

Pattes

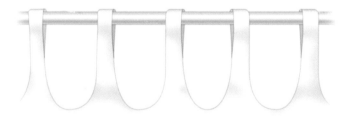

Boucles avec festons accentués

Boucles nouées

Œillets

Œillets enfilés d'une cordelette

Cantonnières

Les cantonnières sont constituées d'un tissu souple utilisé pour habiller le haut d'une fenêtre. Elles servent surtout à dissimuler la quincaillerie et la partie supérieure du châssis, mais elles peuvent aussi modifier les proportions d'une fenêtre ou unifier, dans une même pièce, des fenêtres de forme et de dimension différentes. Bien entendu, elles sont parfois strictement décoratives et peuvent aussi ajouter du volume, du détail et de la distinction à votre parement.

Tente

Ruban et œillets

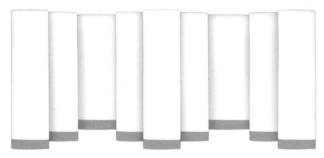

Plis creux étagés

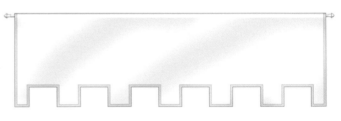

Avec pattes

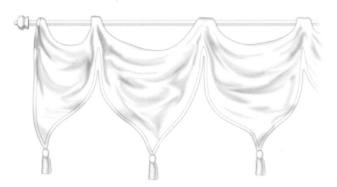

Gouttelettes

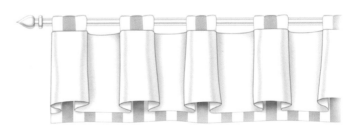

Crénelée

Bannières

Plis creux avec pattes

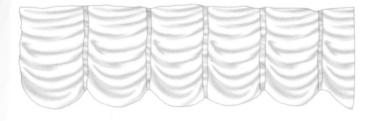

Autrichienne

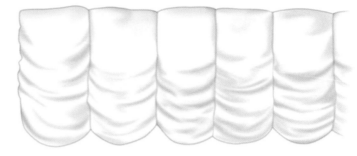

Festonnée

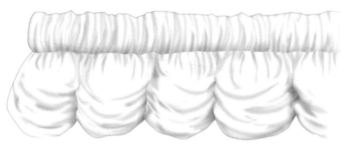

Bouillonnée, avec passe-tringle

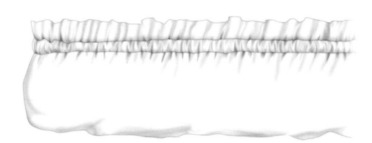

Bouffante

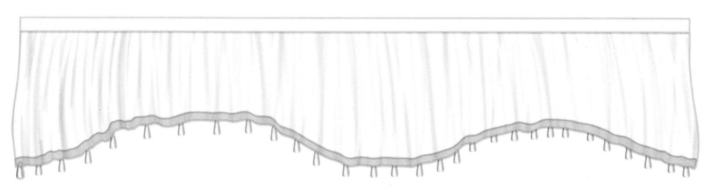

Froncée, avec tressage et glands

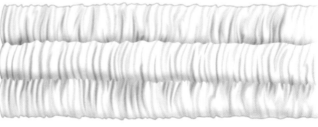

Passe-tringle triple

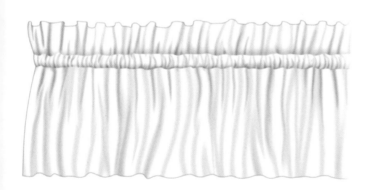

Froncée, avec passe-tringle et volant

Plis ronds

Bandeaux

À l'instar des cantonnières, les bandeaux constituent un parement, conçu pour dissimuler la quincaillerie, modifier les proportions ou unifier des fenêtres de tailles différentes à l'intérieur d'une même pièce. Contrairement aux cantonnières cependant, les bandeaux sont fabriqués en bois ou en matériaux rigides. Ils peuvent être peints et enjolivés de moulures, mais ils sont habituellement recouverts de tissu. Parfois, ils servent de système de soutien visible pour des festons ou des cantonnières.

Bandeau en bois de forme traditionnelle

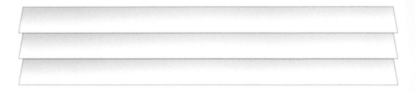

Bandeau étagé

Bandeau droit recouvert de tissu plissé

Bandeau recouvert de tissu, avec bannière

Bandeau droit avec volant

Bandeau profilé avec volant

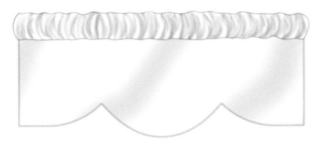

Bandeau festonné avec bande froncée

Bandeau festonné recouvert de tissu avec draperie froncée et détails d'étoiles

Bandeau en forme de sablier
avec panneau de tissu

Bandeau cintré avec fronces

Bandeau matelassé en
cintre avec glands

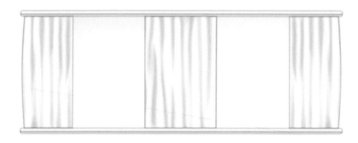

Bandeau droit avec panneaux froncés

Bandeau droit avec panneau
de tissu froncé et jabots

Bandeau profilé recouvert de tissu
avec festons et jabots

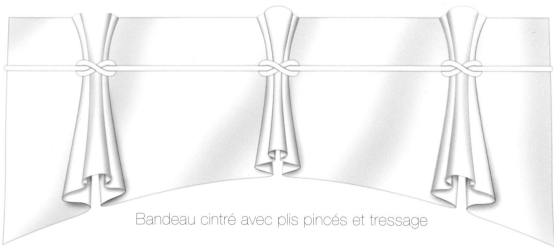

Bandeau cintré avec plis pincés et tressage

Lambrequins

Les lambrequins ressemblent aux bandeaux, mais leur longueur équivaut au moins aux deux tiers de celle d'une fenêtre. Souvent de forme élaborée, ils sont habituellement recouverts de tissu et abondamment parés d'ornements. Leur fonction consiste à enjoliver la forme d'une fenêtre ordinaire et d'attirer le regard à l'intérieur de la pièce tout en ajoutant de l'opulence et du style au schéma de décoration.

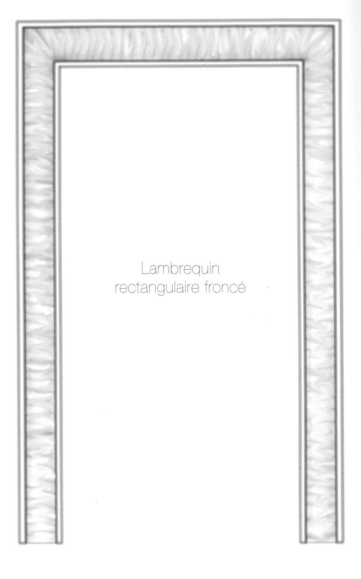

Lambrequin
rectangulaire froncé

Lambrequin profilé
avec bordure

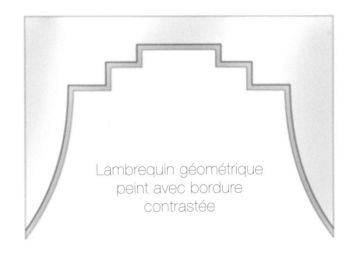

Lambrequin géométrique
peint avec bordure
contrastée

Lambrequin
rectangulaire
recouvert de
tissu fleuri

Lambrequin
géométrique
en bois

Lambrequin
ordinaire
cintré fabriqué
en bois

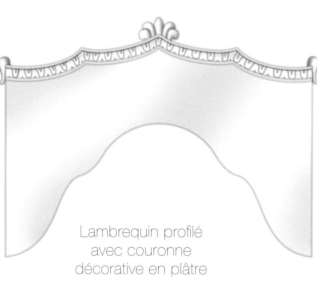

Lambrequin profilé
avec couronne
décorative en plâtre

Lambrequin festonné
recouvert de tissu

Drapés

L'aspect d'un drapé paraît plus improvisé que celui des festons ou des jabots, car il pare le haut d'une fenêtre de manière informelle et romantique. Les drapés sont habituellement constitués de tissus légers – de voilages, même – drapés ou enroulés de façon ornementale autour d'une barre ou de supports décoratifs. Leur extrémité est parfois parachevée d'un jabot sur l'un ou deux des côtés.

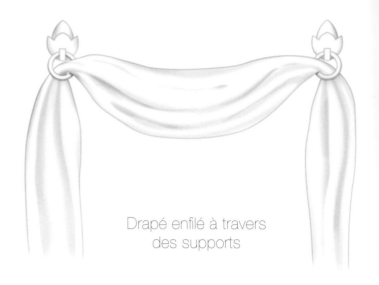

Drapé enfilé à travers des supports

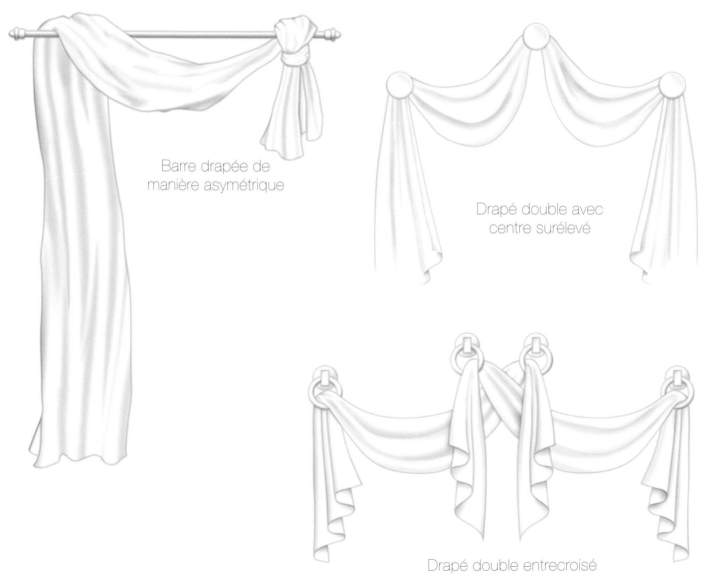

Barre drapée de manière asymétrique

Drapé double avec centre surélevé

Drapé double entrecroisé

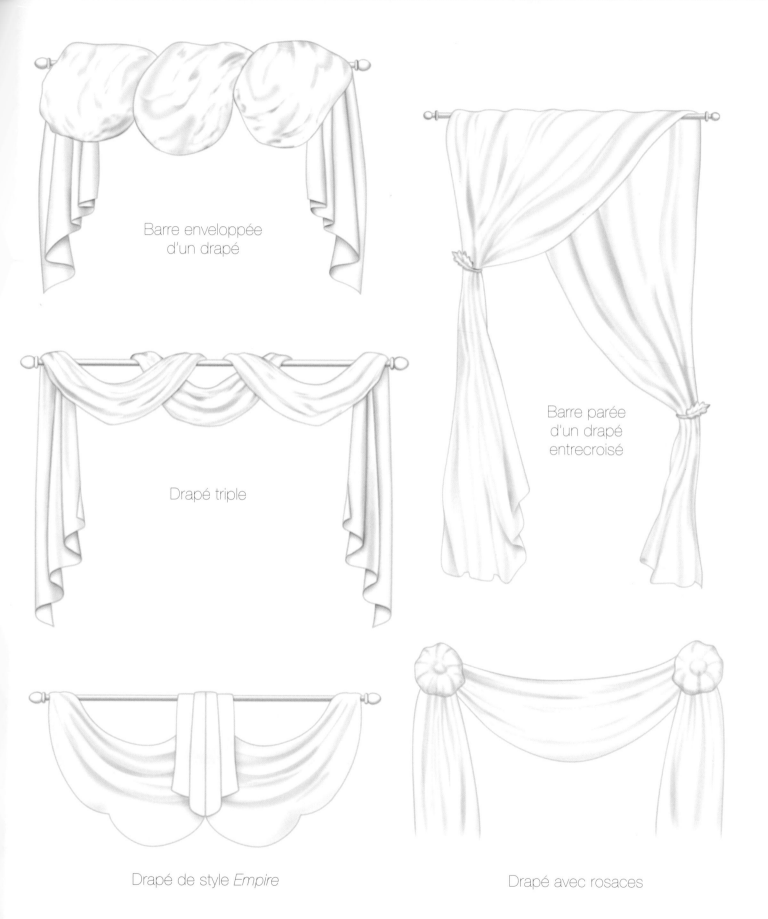

Barre enveloppée
d'un drapé

Barre parée
d'un drapé
entrecroisé

Drapé triple

Drapé de style *Empire*

Drapé avec rosaces

Festons

Les festons sont façonnés de plis élaborés conçus sur mesure. Ils sont habituellement suspendus le long d'une fenêtre à partir d'un panneau ou d'une tringle à rideaux et complétés de jabots plissés sur chacun des deux côtés. Souvent enjolivés d'un tressage ou d'une frange sur le rebord inférieur, les festons confèrent de la noblesse et de l'opulence aux parements de rideaux formels.

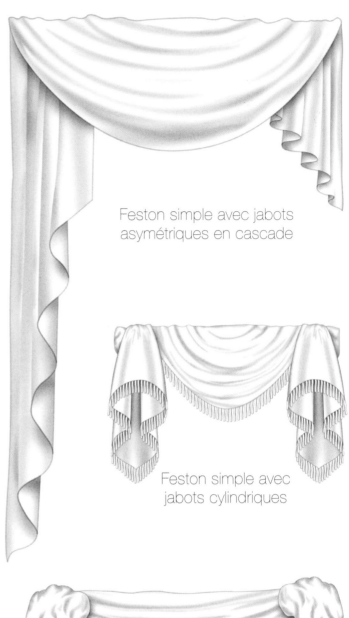

Feston simple avec jabots asymétriques en cascade

Feston plissé

Feston simple avec jabots cylindriques

Feston simple avec jabots superposés en cascade

Feston turban

Feston simple avec boucles et jabots en cascade

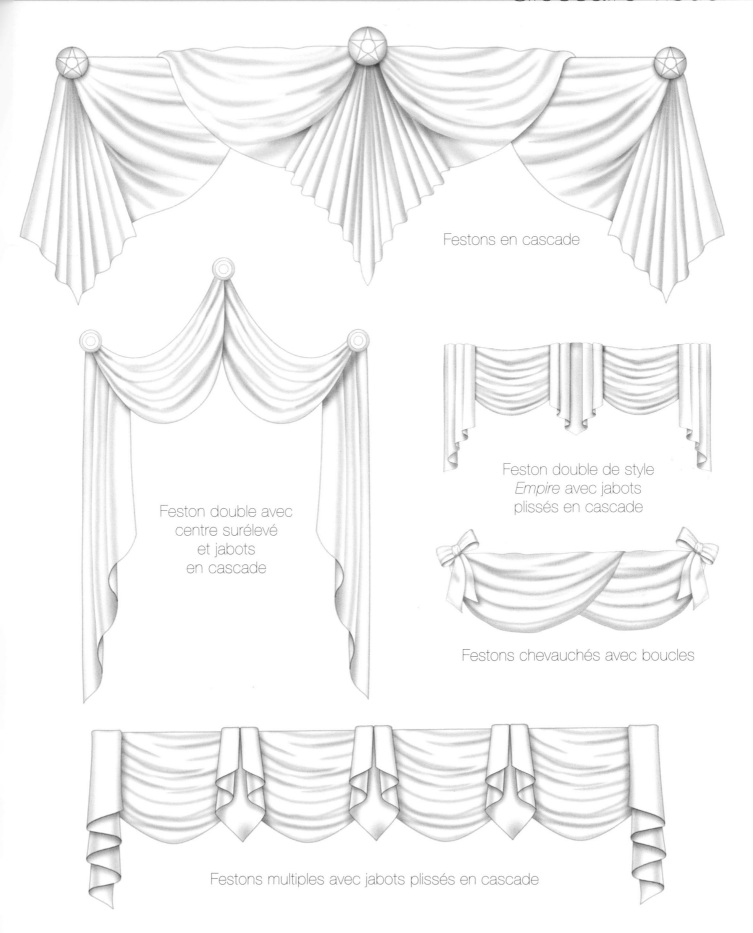

Festons en cascade

Feston double avec
centre surélevé
et jabots
en cascade

Feston double de style
Empire avec jabots
plissés en cascade

Festons chevauchés avec boucles

Festons multiples avec jabots plissés en cascade

Ourlets

Les ourlets constituent essentiellement la finition
du rebord inférieur d'un rideau ou d'un store et un
endroit supplémentaire pour ajouter des détails
décoratifs. Les bordures, les ornements et les plis
dans le sens de la longueur lestent les rideaux et
attirent le regard vers le bas, pour ainsi équilibrer
l'ensemble, tandis qu'un store parachevé d'une
bordure festonnée devient plus attrayant.

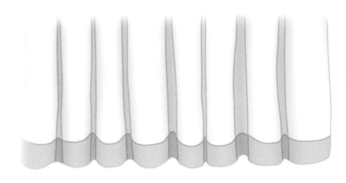

Bordure contrastée

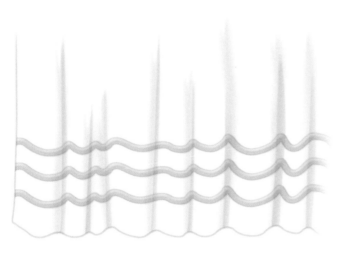

Rangée triple de tressage

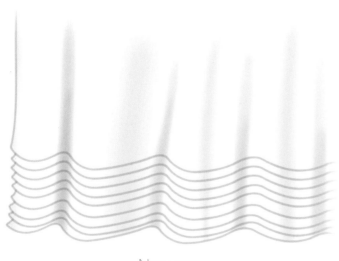

Nervures

Bordure avec œillets et cordelette

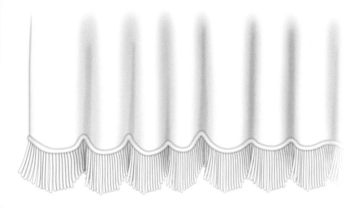

Franges

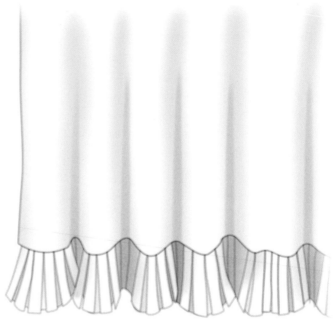

Plissé, avec volants

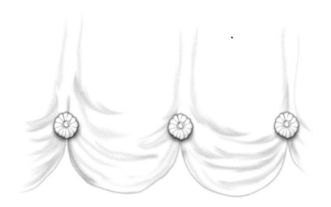

Froncé, avec rosaces

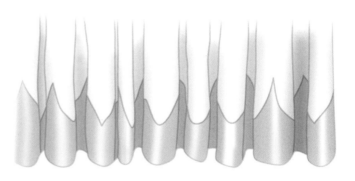

Bordure festonnée

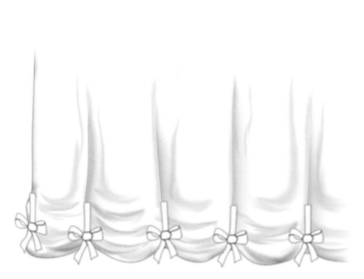

Froncé, avec boucles

Volets roulants

Les volets roulants sont constitués d'un tissu rigide enroulé autour d'un tube fixé à proximité du châssis d'une fenêtre, à l'aide de supports. Ce parement se manipule facilement, soit par l'entremise d'un mécanisme d'enroulement à chaînettes situé sur le côté ou d'un mécanisme à ressort activé en tirant à partir du centre de la baguette inférieure. Les volets roulants sont pratiques et économiques. Ils peuvent être translucides ou obscurs et être utilisés seuls ou comme complément à un ensemble de rideaux.

Cordon latéral

Volet tiré à partir du centre

Avec œillets

Avec découpages circulaires

Baguette inférieure et pattes festonnées

Baguette inférieure et boucles

Bordure profilée

Bordure festonnée

Bordure crénelée

Bordure frangée et
cordon avec gland

Baguette inférieure et
découpage semi-circulaire

Bordure contrastée avec
poignée découpée

Bécoupages
diagonaux

Stores bateaux

Les stores bateau sont droits lorsqu'ils sont descendus et sont constitués d'une série de plis horizontaux profonds lorsqu'ils sont remontés. Ils sont plus souples et moins minimalistes que les volets roulants et peuvent être fabriqués à partir de la plupart des tissus : des voilages translucides aux tissus lourds doublés d'une étoffe d'obscurcissement. De fines baguettes insérées à l'endos des stores les maintiennent droits. Les stores sont soulevés par l'arrière à l'aide d'un système de cordons qui se voient de plus en plus remplacés par un mécanisme latéral activé par des chaînettes.

Store bateau en éventail

Store bateau plissé

Store bateau plissé
avec bordure contrastée

Store raidi, avec nervures

Store bateau souple avec pinces
latérales et bordure ornée de glands

Store bateau avec baguettes
de renfort horizontales
insérées à l'intérieur du tissu

Store bateau souple avec nervures

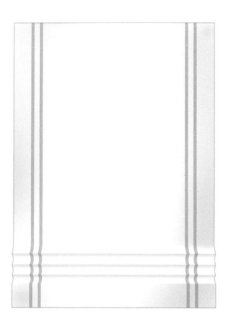

Store bateau souple en
tissu translucide avec
tressage

Stores festonnés

Le haut des stores festonnés est froncé ou plissé afin d'ajouter du volume au tissu, conférant ainsi à l'ensemble une ampleur et une souplesse supérieures à celles des volets roulants ou des stores bateaux. Ces stores au volume souvent extravagant peuvent être conçus à partir d'un tissu lourd ou léger. Ils sont habituellement d'une longueur supérieure à celle de la fenêtre pour ainsi permettre au tissu de former de jolis festons, même lorsqu'ils sont complètement descendus.

Store froncé
avec torsade

Store froncé à partir du bas

Store éventail

Store froncé à partir des côtés

Store en cascade

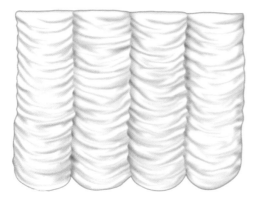

Store autrichien

Store avec volant et fronces de style autrichien

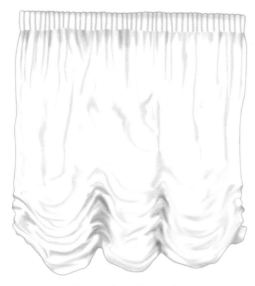

Store bouillonné

Festonné

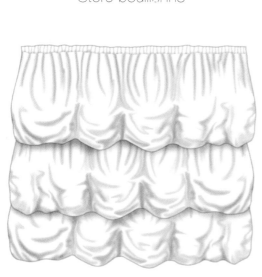

Store bouillonné en paliers

Store avec jabots festonnés

Stores relevés par des liens et panneaux

Les stores relevés par des liens se manipulent facilement à l'aide d'un système de cordelettes ou en enroulant le tissu à la main pour le nouer avec des rubans. Ils sont pratiques uniquement lorsqu'ils parent des fenêtres faciles d'accès. Si l'accès est difficile et qu'il est prévu que les stores soient baissés la plupart du temps, optez pour des tissus légers et translucides. Ce type de tissu peut également servir à réaliser des panneaux. Ces derniers sont habituellement pourvus d'un fourreau cousu à chaque extrémité pour permettre au panneau de s'enfiler dans les tringles fixées à proximité du châssis de la fenêtre. Les panneaux suspendus à des tringles pivotantes assemblées sur l'un des côtés d'un châssis se déploient comme des volets. Ce type de parement est très pratique pour les fenêtres en saillie.

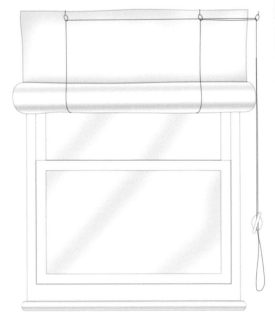

Store enroulable

Store relevé par des liens

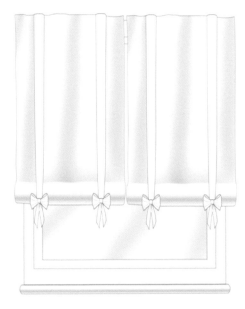

Store double relevé par des liens

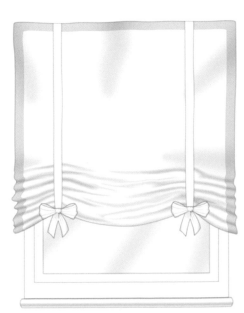

Demi-store relevé
par des liens

Panneaux coulissants

Panneau de
type portière

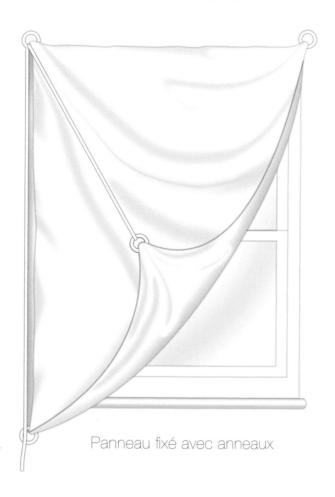

Panneau fixé avec anneaux

Panneau froncé fixé
à partir des côtés

Panneau fixe en dentelle

Volets

Les volets sont fabriqués en bois et sont habituelle-ment munis de charnières afin qu'ils s'ouvrent comme une porte. Lorsqu'ils sont inutilisés, ils se replient sur le côté. La plupart sont pourvus de persiennes ajustables qui permettent de varier la quantité de lumière lorsque les volets sont clos. Jadis utilisés dans les climats chauds et ensoleillés pour bloquer la lumière et abaisser la température à l'intérieur, ils remplacent habituellement les rideaux.

Volets simples avec persiennes fixes

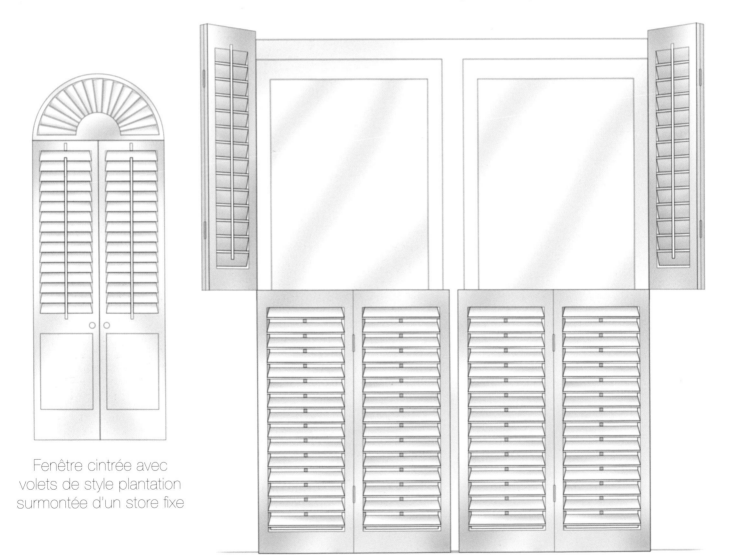

Fenêtre cintrée avec
volets de style plantation
surmontée d'un store fixe

Volets de style café en bois naturel

Panneaux de volets repliables

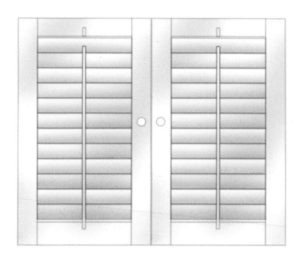

Volets de style plantation avec persiennes ajustables

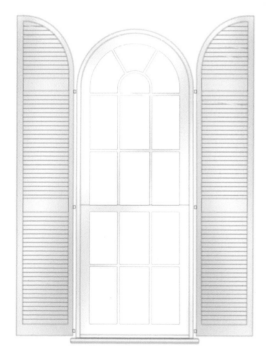

Volets cintrés de style plantation

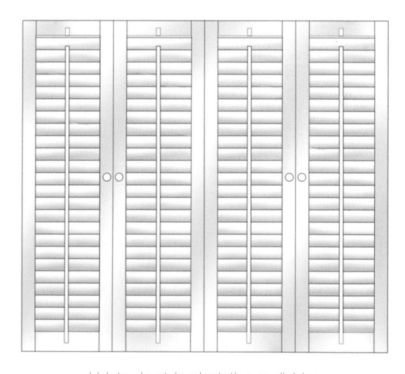

Volets de style plantation repliables

Rosaces, boucles et embrasses de tissu

Les rosaces et les boucles constituent des accessoires strictement décoratifs. Elles sont souvent utilisées pour enjoliver des festons et autres parements de fenêtre et ajouter une touche de distinction. Les embrasses sont plus fonctionnelles. Elles dégagent les rideaux de la fenêtre et laissent pénétrer davantage de lumière tout en conférant une attrayante forme festonnée aux rideaux. Les embrasses permettent d'embellir le parement par l'entremise d'ornements, de passepoils et de bordures contrastées.

Rosace

Rosace à plis plats

Rosace à paliers

Rosace froncée

Boucle

Chou

Fleur

Trèfle

Croix de Malte

Double boucle

Boucle avec jabots

Embrasse
de tissu uni

Embrasse avec
bordure tressée

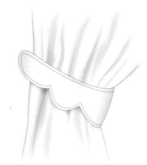

Embrasse
à embout arrondi

Embrasse à bordure
festonnée

Embrasse bouffante

Embrasse frangée

Embrasse torsadée

Embrasse froncée

Embrasse ornée
de smocks

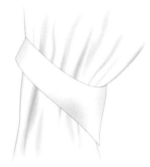

Embrasse
en forme de V

Embrasse
avec boucle

Embrasse
avec volant

Embrasse à plis
faisceaux

Embrasse unie avec
pli creux unique

À plis multiples

Embrasse avec
rosace à plis plats

Glossaire

Agrafe Petit crochet en métal dont un des embouts est pointu et que l'on insère à l'endos d'une tête de rideau cousue main.

Aire de dégagement Espace mural à côté d'une fenêtre comblé par le rideau. Lorsque les rideaux sont tirés, ils « occupent » l'aire de dégagement.

Amalgame Tissu fabriqué à partir d'un mélange de fibres – typiquement de coton et de lin.

Appliqué Technique qui consiste à ajouter une doublure décorative au tissu de base ; la doublure est souvent fixée à l'aide d'une couture décorative.

Architrave Moulure autour d'une fenêtre ou d'une entrée de porte.

Batik Tissu fabriqué à partir d'une technique de teinture avec réserve, d'origine indonésienne, où l'on applique de la cire fondue sur du coton avant de le teindre.

Bordures contrastées Bandes de tissus de couleurs contrastées et de largeur différente cousues sur le rebord des rideaux, des stores et des cantonnières.

Brise bise Rideau – souvent constitué d'un en-tête à boucles, à pattes ou à œillets – qui recouvre seulement la partie inférieure d'une fenêtre.

Cantonnière en serpentin Cantonnière dont la bordure inférieure profilée ondule de haut en bas.

Chenille Fil ou tissu au poil épais, doux et pelucheux.

Chevauchement Lorsque deux pans de rideaux s'entrecroisent au centre pour bloquer la lumière.

Chintz Tissu en coton glacé traditionnellement imprimé de motifs fleuris.

Côté avant Bordure verticale d'un rideau qui se retrouve au centre lorsque les rideaux sont tirés.

Coutil Tissu rayé et résistant constitué d'une armure de chevrons tissée serrée. Habituellement utilisé pour le revêtement des matelas.

Crochets à rideau Crochets insérés à l'endos d'une tête de rideau pour soutenir le rideau.

Damas Tissu réversible sur lequel le motif est réalisé à même l'armure.

Doublure d'obscurcissement Doublure laminée afin qu'elle bloque la lumière. Le laminage rend cette doublure plus lourde et plus rigide qu'une doublure de rideau standard.

Douppioni Soie ou tissu synthétique dont l'épaisseur du fil est irrégulière afin de créer une texture boudinée.

Drapé Manière avec laquelle un tissu ou un rideau tombe.

Écrans shoji Portes ou écrans coulissants de tradition japonaise constitués de panneaux translucides, en papier, à l'origine et dans un châssis de bois.

Embout Pommeau décoratif à l'embout d'une barre en bois ou en métal qui empêche les anneaux de tomber à chaque extrémité.

Embrasses Bandes de tissus raidis et en forme de croissant, ou longueurs de cordons, parfois ornés de glands, utilisés pour dégager les rideaux devant une fenêtre.

Enfoncement Espace à l'intérieur du châssis d'une fenêtre où l'on peut suspendre des stores et des voilages.

Fond La couleur de l'arrière-fond ou le tissu de base d'une étoffe imprimée ou brodée.

Frange Bordure décorative constituée de cordelettes, de fils et de glands suspendus.

Frange tressée Bordure frangée constituée d'épais cordons torsadés.

Imposte Terme architectural relatif aux fenêtres qui désigne le carreau au-dessus d'une porte ou les divisions d'une fenêtre.

Jabot Tissu qui pend à la verticale de chaque côté du feston d'un parement de haut de fenêtre.

Jabot en cascade Jabot asymétrique de feston qui tombe en plis superposés.

Jabot en cylindre Jabot façonné en forme de tube au lieu d'être plissé.

Jacquard Étoffe tissée sur métier Jacquard dont les motifs, habituellement complexes, sont façonnés par l'armure du tissage.

Lamelles Aussi connues sous le nom de persiennes. Les lamelles consistent en des éléments horizontaux en bois, en métal ou en vinyle d'un store ou d'un volet que l'on incline pour laisser pénétrer la lumière.

Latte Pièce de bois mince après laquelle un store est fixé à sa partie supérieure, ou qui est insérée dans la partie inférieure pour tenir le tissu droit.

Linon Tissu en coton fin à armure unie.

Œillet Anneau en métal qui garnit le contour d'un trou dans un tissu pour permettre d'y enfiler une barre. Aussi utilisé pour les têtes de rideau ou comme détail décoratif sur un store.

Organza Tissu mince à armure unie confectionné en soie, en nylon ou en polyester.

Ornement Tressage, frange ou glands décoratifs utilisés pour enjoliver un parement de fenêtre.

Passe-tringle ou fourreau (tête de rideau avec) Tête de rideau constituée d'un tissu replié et cousu pour former un passage ouvert dans lequel une barre peut s'insérer.

Patère Bouton décoratif en métal ou en bois fixé de chaque côté d'une paire de rideaux et utilisé pour retirer les rideaux sur le côté et laisser pénétrer davantage de lumière.

Pinces à rideaux Pinces puissantes, habituellement décoratives, fixées à des anneaux et utilisées pour suspendre un rideau à partir d'une barre.

Plis pincés Plis faits main pour tête à rideau constituée de deux ou trois plis maintenus ensemble à leur base. Se désignent triples plis pincés lorsqu'ils sont constitués de trois replis.

Plis plats Tissu ou bordure plissée constituée de petits plis réguliers comprimés en replis effilés.

Portière Rideau suspendu devant une entrée de porte qui remplace parfois une porte.

Reps Étoffe aux cannelures longitudinales rondes et proéminentes.

Retour Espace compris entre le devant d'un parement de fenêtre et le mur derrière celui-ci. Peut être comblé par les rideaux, ou pour une finition réussie et un meilleur contrôle de la lumière, par un parement en haut de la fenêtre.

Rideaux décoratifs Rideaux non fonctionnels que l'on ne peut tirer.

Ruban fronceur Ruban cousu à l'endos d'une tête de rideau et pourvu de cordons que l'on tire pour réaliser différents plis, tel un pli faisceau.

Ruban plisseur translucide Ruban fronceur transparent cousu ou thermocollé utilisé avec tissus translucides.

Satin Tissu lisse et brillant confectionné à partir de soie ou de rayonne à surface brillante et à envers mat.

Satinette Tissu de coton confectionné en armure satin pour lui conférer une finition lisse et brillante comme celle du satin.

Sergé Type d'armure qui produit un tissu résistant aux flottés obliques. Le denim est un tissu d'armure sergé.

Store Parement de fenêtre composé de lamelles ou de panneaux fabriqué à partir de bois, de métal ou de vinyle, ou constitué d'un tissu droit ou froncé.

Stores verticaux Stores en vinyle constitués de lamelles verticales que l'on peut tirer latéralement et placer en biais pour ajuster la lumière.

Support Système de fixation pour stores, tringle à rails ou tringle à rideaux. Parfois décoratif lorsqu'il s'applique aux barres en bois ou en métal.

Taffetas Soie lisse et brillante ou tissu synthétique uni.

Tête de rideau droite Tête de rideau, parfois raidie avec du bougran, exempte de plis ou de fronces.

Tête de rideau froncée Tête de rideau d'aspect informel froncée à l'aide d'un ruban fronceur.

Tige à rideaux Tige accrochée au premier anneau du côté avant d'un rideau qui pend verticalement derrière le rideau. Utilisé pour tirer les rideaux à la main sans toucher au tissu.

Toile de Jouy Tissu imprimé de tradition française habituellement constitué d'une couleur sur un fond crème et illustrant des scènes figuratives et pastorales.

Toile de renfort Tissu doux et épais intercalé entre le tissu extérieur et la doublure pour améliorer le maintien et les qualités isolantes des festons, des stores, des rideaux et des cantonnières.

Toucher La texture perçue d'un tissu en le touchant et la manière avec laquelle il tombe.

Tringle à portière Tringle en métal dont l'une des extrémités est fixée sur une porte et l'autre, au châssis de la porte à l'aide d'un support avec charnière. Lorsque la porte s'ouvre, la tringle et le rideau se relèvent et se déploient simultanément.

Tringle à tension Tringle dotée d'un ressort à l'intérieur et utilisée pour suspendre des rideaux légers dans un enfoncement.

Tringle pivotante Aussi connue sous le nom de tringle à lucarne. Tringle dont un embout est fixé à un support à charnière. Pratique pour fenêtre en saillie.

Tringle, tringle à rails Tige en métal ou en plastique pour suspendre les rideaux. Parfois pourvue de rails pour ouvrir et fermer les rideaux.

Velours Tissu somptueux à poils doux et épais fabriqué à partir de coton, de soie ou de nylon.

Velours coupé Tissu en Jacquard avec motif de velours gratté sur fond uni.

Vénitienne Store en bois ou en métal constitué de lamelles horizontales que l'on peut remonter ou abaisser ainsi qu'incliner ou placer en biais pour ajuster le contrôle de la lumière.

Voilage à l'italienne Rideaux dont l'en-tête reste fixe lorsqu'ils sont tirés alors que les pans sont ramenés sur le côté et vers le haut à l'aide de cordelettes enfilées en diagonale fixées à l'endos des rideaux.

Liste de vérification

1. Choisir le tissu

Au moment de choisir des tissus pour un parement de fenêtre, il ne s'agit pas de considérer seulement l'aspect esthétique de l'étoffe. Vous devez aussi tenir compte d'autres considérations pratiques.

- Avant de choisir un tissu, vérifiez les directives pour le nettoyage. Il est préférable de ne pas laver les stores et les rideaux à la machine, surtout s'ils sont trop volumineux pour entrer dans votre machine à laver. Si vos rideaux sont munis d'une toile de renfort, celle-ci rétrécira, même si le tissu extérieur est lavable. Si vous tenez à poser une toile de renfort, assurez-vous qu'elle soit démontable et que son tissu soit lavable et grand teint. Autrement, la plupart des rideaux doivent être nettoyés à sec par des professionnels.
- Avant d'acheter votre tissu, vérifiez son contenu en fibre. La toile de lin et le coton ont tendance à rétrécir, aussi assurez-vous qu'ils soient prélavés. Sinon, laissez-vous un jeu pour la longueur des ourlets.
- La couleur du tissu est-elle inaltérable ? Par exemple, la soie pure ne supporte pas bien l'exposition directe au soleil et devrait toujours être doublée d'une étoffe et d'une toile de renfort pour la protéger.
- Pour mieux évaluer l'impact d'un motif, examinez le tissu à partir du plus gros échantillon possible, surtout s'il s'agit d'un tissu à dessins.
- Examinez le tissu à la lumière du jour pour mieux jauger son échelle de couleur, mais aussi sous une lumière artificielle, car la couleur et la texture peuvent varier de façon significative selon le type d'éclairage.
- Froncez et plissez le tissu entre vos mains pour déterminer son drapé et évaluer l'impact d'un type de tête de rideau donné sur le motif et la texture.

2. Mesurer pour des rideaux

Que vous confectionniez vos rideaux vous-même ou que vous ayez recours à des professionnels, vous devez d'abord, avant de choisir votre parement de fenêtre, estimer les coûts et calculer les quantités de tissus requises. Pour y arriver, vous devez prendre trois mesures : la largeur en fini, la longueur en fini et la longueur utile. La largeur et la longueur en fini constituent la longueur et la largeur souhaitées pour votre rideau une fois celui-ci terminé. La longueur utile représente la longueur et le jeu requis pour permettre la confection d'ourlets, de plis, de fronces et de bords

Les bonnes mesures

- Même si deux fenêtres semblent être de dimension identique, elles ne le sont jamais précisément. Mesurez chaque fenêtre individuellement.
- Pour prendre des mesures précises, utilisez toujours un ruban à mesurer enroulable en métal.
- Validez toutes vos mesures au moins deux fois.
- Si vous installez des stores à l'intérieur du châssis ou de l'enfoncement d'une fenêtre, ne présumez jamais que la fenêtre est parfaitement rectangulaire. Mesurez la largeur à plusieurs endroits, puis utilisez la mesure la plus étroite comme largeur finale.
- Ne présumez jamais que les planchers et les plafonds sont de niveau. Prenez la mesure de la longueur à plusieurs endroits le long de la largeur puis à la moindre variation, optez pour la mesure la plus courte. Si la différence est notable, vous devrez peut-être suspendre vos rideaux sans leurs ourlets pour ensuite les épingler sur place.

retournés. Les conseils suivants vous aideront à prendre vos mesures avec précision.

La longueur en fini

Déterminez l'emplacement de votre barre ou de votre tringle. Cette dernière pourrait se situer de niveau avec le haut du châssis ou n'importe où entre le haut du châssis et le plafond, selon le parement prévu et le style et les proportions de la pièce. Pour des mesures en fini absolument précises – surtout si vous souhaitez que vos rideaux se terminent à peine au-dessus du niveau du plancher – installez d'abord votre système de soutien.

La mesure pour la longueur en fini se prend à partir du dessus de la tringle ou du dessous de l'anneau (ou de tout autre moyen de soutènement) sur la barre. Elle se termine à l'endroit où vous souhaitez voir l'ourlet tomber. Pour des rideaux suspendus pour affleurer le rebord d'une fenêtre, mesurez jusqu'au rebord de la fenêtre ①. Si vous voulez suspendre vos rideaux à peine en deçà du rebord de la fenêtre, ajoutez 10-15 cm (4-6 po), selon les proportions de la fenêtre ou la présence d'un radiateur, par exemple. Pour des rideaux pleine longueur ②, mesurez jusqu'au plancher. Si vous souhaitez qu'ils tombent à peine au-dessus du niveau du plancher, retranchez 1 cm ($\frac{1}{3}$ po). Pour les rideaux qui se répandent au sol, ajoutez environ 10-25 cm (4-10 po).

La largeur en fini

Mesurez la largeur de la fenêtre puis laissez un jeu de 5 cm (2 po) pour le chevauchement des deux pans au centre des rideaux ③. Si vous voulez tirer vos rideaux pour combler le retour ④, ⑤, prévoyez un jeu supplémentaire. Cela est surtout important pour contrôler le niveau de lumière dans une chambre à coucher. Dans l'exemple ci-contre, un jeu de 10 cm (4 po) a été prévu pour le retour des rideaux – ce jeu varie selon la distance entre la tringle ou la barre et le mur derrière celle-ci.

La chute

La chute constitue la largeur du tissu – certains rideaux de grande envergure peuvent être constitués d'un assemblage de six ou sept chutes. Si vous suspendez seulement un pan de rideau étroit constitué d'une seule chute, n'effectuez pas le calcul suivant.

- Pour arriver au nombre de chute nécessaire à la confection du rideau, multipliez la mesure de la largeur en fini par le niveau d'ampleur requis. L'ampleur dépend en partie du type de tête de rideau choisi (voir ci-dessous). Ce calcul ne constitue pas une science exacte et il est aussi tributaire du type de tissu et du style recherché. Pour une ampleur de rideaux convenable, multipliez la largeur par deux.

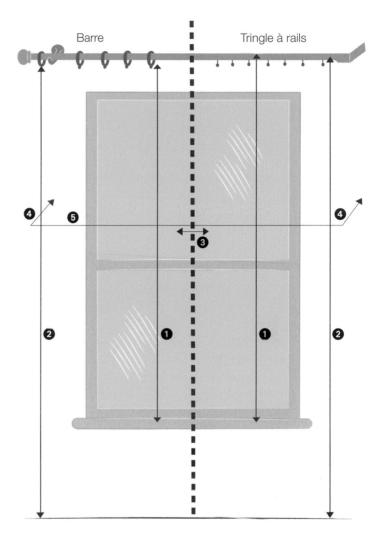

Barre — Tringle à rails

Type de tête de rideau	Mesure de la chute
tête de rideau froncée, avec passe-tringle, avec œillets, avec pattes	1 ½ à 2 fois la largeur
plis ronds	2 fois la largeur
plis pincés, plis gobelets	2 à 2½ fois la largeur
plis faisceaux, plis creux	2½ à 3 fois la largeur

- Multipliez la largeur en fini par le nombre affiché ci-dessus en fonction de votre tête de rideau. Divisez le produit par la largeur de votre tissu – habituellement 137 cm (54 po) afin d'obtenir le nombre de chutes requises pour chaque rideau. Arrondissez ce nombre à une demi-largeur de tissu près.

La longueur utile

- Laissez un jeu à votre mesure de longueur en fini pour tenir compte de l'ourlet et de la tête de rideau, habituellement

① longueur en fini du dessous de l'anneau (ou du haut de la tringle) au rebord
② longueur en fini du dessous de l'anneau (ou du haut de la tringle) au plancher
③ chevauchement
④ retour du rideau
⑤ largeur en, et le chevauchement

30 à 40 cm (12 à 16 po). Voilà votre longueur utile. Multipliez votre longueur utile par le nombre de chutes requises. Si vous utilisez un tissu uni dépourvu de dessins répétés, ce calcul final vous donne la quantité de tissu requise. Si vous optez pour un tissu à dessins, lisez le point suivant pour

intégrer un motif répété au calcul.

Exemple : pour des rideaux à plis pincés avec une largeur en fini de 150 cm (59 po) et une chute de 240 cm (94 po) :

Pour obtenir la pleine largeur, multipliez la largeur en fini par le niveau de l'ampleur : 150 cm x 2 ½ = 375 cm (59 po x 2 ½ = 147 po). Divisez la pleine largeur par la largeur du tissu : 375 cm / 137 cm (147 po / 54 po) = 2,7. Arrondissez ce nombre à trois chutes. Ajoutez ensuite la chute au jeu requis pour réaliser l'ourlet et la tête de rideau afin d'obtenir la longueur utile : 240 cm + 40 cm = 280 cm (94 po + 16 po = 110 po). Multipliez la longueur utile par 3 : 280 cm x 3 = 840 cm (110 po x 3 = 330 po). Vous aurez donc besoin de 8,4 m (9,1 verges) de tissu pour confectionner les rideaux.

3. Mesurer la répétition du dessin

- La répétition du dessin est constituée de la distance verticale entre deux points donnés dans un dessin avant que celui-ci se répète de manière identique. Si vous utilisez plus d'une chute de tissu, vous devez les appareiller entre elles tout au long de la largeur des rideaux ainsi qu'aux points de couture. Pour y arriver, prévoyez une longueur de tissu supplémentaire. Afin de déterminer la quantité de tissu requise à acheter et de parvenir à appareiller les tissus à dessins entre eux, il est essentiel de connaître la distance entre la répétition du dessin. Demandez la mesure de la répétition du dessin à votre fournisseur ou prenez cette mesure vous-même. Pour savoir quelle quantité de tissu supplémentaire est requise pour une paire de rideaux, divisez la mesure de la longueur utile par la répétition du dessin, puis arrondissez ce résultat au chiffre entier suivant. Multipliez ensuite ce nombre par la répétition du dessin. Le résultat obtenu vous donne la mesure de longueur utile ajoutée au jeu requis pour tenir compte de la répétition du dessin. Enfin, procédez comme pour des tissus unis en multipliant la mesure de votre longueur utile par la quantité de chutes requises.

Exemple : pour des rideaux d'une largeur de 150 cm (59 po) et d'une longueur de 240 cm (94 po) avec une répétition de dessins de 65 cm (25 ½ po) :

Divisez la longueur utile de 280 cm (110 po) par la répétition du dessin : 280 cm / 65 cm (110 po / 25½ po) = 4,3. Arrondissez ce nombre à 5 puis multipliez-le par la répétition du dessin afin d'obtenir la longueur utile comprenant la répétition du dessin : 5 x 65 cm = 325 cm (25½ po x 5 = 127 ½ po). Multipliez ce résul-tat par 3 (le nombre de chutes requises) : 325 cm x 3 = 975 cm (127 ½ po x 3 = 382 ½ po). Ainsi, vous aurez besoin de 9,75 m (10,6 verges) de tissu.

4. Mesurer pour des stores

La longueur en fini

- Choisissez d'abord l'emplacement du store. Détermi-nez si vous tenez à recouvrir entièrement la fenêtre et le châssis, ou si vous souhaitez laisser une partie du châssis dégagée. Si la fenêtre s'ouvre vers l'intérieur, assurez-vous de suspendre votre store à une hauteur suffisante pour permettre à la fenêtre de s'ouvrir librement. Si l'enfoncement de la fenêtre est profond, il est souvent préférable de placer le store le plus près possible de la fenêtre, à l'intérieur de l'enfoncement.

- Ensuite, déterminez précisément la longueur du store. S'il doit se rendre jusqu'au seuil de la fenêtre lorsqu'il est tiré, il doit se terminer à la hauteur du rebord de la fenêtre ; si vous désirez qu'il soit suspendu devant le seuil, il doit se terminer légèrement sous le rebord.

- Lorsque vous aurez déterminé la position supérieure du store, mesurez à partir de ce point jusqu'au rebord de la fenêtre, ou légèrement au-dessous de celui-ci. Cela vous donnera la mesure de la longueur utile. Cette unité de longueur constitue la seule mesure requise pour les vénitiennes en bois ou en aluminium, ou pour des stores verticaux.

La longueur utile

- Pour les stores en tissu, ajoutez 15-20 cm (6-8 po) à la mesure de la longueur en fini pour les ourlets, puis ajoutez une longueur supplémentaire selon le style du store. Les volets roulants requièrent 15-20 cm (6-8 po) de surplus de tissu, afin de s'assurer qu'il y en ait toujours d'enroulé, même lorsque le store est complètement tiré. Les stores tels les stores autrichiens nécessitent jusqu'à 30 cm (12 po) de tissu supplémentaire, afin qu'ils préservent leur ampleur même lorsqu'ils sont complètement tirés. En tenant compte de toutes ces variations de mesures possibles, vous obtenez la mesure de la longueur utile.

La largeur en fini

- Pour obtenir la mesure de la largeur en fini, mesurez d'un côté à l'autre de l'aire que vous souhaitez recouvrir avec le store.
- Les supports des volets roulants sont fixés de chaque côté du rouleau, aussi est-il essentiel de connaître précisément l'espace qu'ils occupent, surtout s'il est prévu de suspendre le store dans un enfoncement. Les stores verticaux et les vénitiennes sont suspendus à partir d'un caisson ou d'une tringle à rails. Votre fournisseur peut vous indiquer la mesure de l'espace occupé par le système de soutien.
- Pour les stores en tissu pourvus d'un ourlet sur les côtés, ajoutez 10 cm (4 po) à la mesure de la largeur en fini pour vous laisser suffisamment de jeu.
- Les stores autrichiens et bouillonnés sont pourvus d'une ampleur sur leur largeur, façonnée par un ruban fronceur fixé à leur endos, ou par l'ajout de plis creux. Pour les en-têtes munis d'un ruban fronceur, calculez la mesure de largeur utile en multipliant la largeur en fini par l'ampleur requise (voir calculs pour les têtes à rideau, ci-dessus). Pour plisser un store, déterminez la profondeur et la quantité des plis, puis doublez la mesure de largeur du pli. Multipliez ensuite par le nombre de plis, puis ajoutez le résultat aux mesures de la largeur en fini.
- Il peut arriver qu'un store requière plus d'un pan de tissu. Pour calculer la quantité de pans requis, divisez la largeur du tissu (habituellement 137 cm ou 54 po) par la largeur utile du store. Arrondissez le résultat au chiffre entier suivant et vous obtiendrez la quantité de chutes requises.
- Pour calculer la quantité totale de tissu requise, multipliez la mesure de longueur utile par la quantité de chutes. Si votre tissu est orné de dessins, référez-vous à la section ci-dessus qui traite de la répétition des dessins pour calculer la quantité de tissu supplémentaire requise.

5. Bricoler ou demander l'aide de professionnels ?

Avant de commencer vos travaux, considérez les points suivants :

Bricoler

Plusieurs styles de parement simples sont à la portée des capacités d'un bricoleur, sans oublier la grande satisfaction ressentie par un travail réalisé soi-même. Si vous optez pour des tissus coûteux et des parements élaborés cependant, recourez aux services de professionnels. Pour les stores, il existe des trousses d'assemblage qui fournissent toute la quincaillerie nécessaire.

Prêt à installer

De nos jours, il existe plusieurs modèles simplifiés de stores et de rideaux prêts à installer. Offerts seulement en dimension standard, ils sont cependant beaucoup moins onéreux que leurs équivalents conçus sur mesure. Certains stores peuvent aisément être taillés sur mesure.

Sur mesure

Les décorateurs d'intérieur et les ateliers de fabrication sur mesure se chargent d'effectuer tous les travaux. Cette option reste la plus coûteuse, mais elle s'avère souvent nécessaire en présence de parements élaborés ou de fenêtres « à problèmes ». Elle donne toutefois d'excellents résultats professionnels.

Embaucher des professionnels

Avant d'embaucher un décorateur d'intérieur ou un fabricant de rideaux professionnel, il est important de considérer les points suivants :

- Le bouche à oreille constitue la meilleure recommandation, aussi renseignez-vous auprès d'amis ayant fait appel à de tels services. Informez-vous également auprès de votre détaillant de tissu, ou effectuez des recherches sur Internet pour repérer les associations professionnelles de votre localité.
- Demandez à voir un portfolio ainsi que des références.
- Précisez vos exigences avec soin. Prenez le temps de bien réfléchir au projet et soyez le plus clair possible. Un programme de tâches rédigé de manière limpide limite les malentendus.
- Obtenez au moins deux devis et assurez-vous de connaître précisément la portée des clauses. N'oubliez pas qu'un devis à très bas prix ne résulte pas nécessairement en un travail de grande qualité.
- Consignez tous les détails par écrit. Assurez-vous de tout noter et d'enregistrer toutes les mises à jour, au cas où vous changeriez d'idée à une date ultérieure.

Index

Remerciements

L'éditeur aimerait remercier les entreprises suivantes pour leur apport inestimable : Alhambra, Blendworth, The Bradley Collection, Calico Corners, Country Curtains, eclectics, Globaltex, Hunter Douglas Associates Inc., Hunter & Hyland, Integra Products Ltd, Jim Lawrence Traditional Ironwork Ltd, Kobe, Lou Hammond & Associates, Prestigious Textiles, Stroheim & Romann, Sunflex, Villa Nova et Warwick Fabrics.

 Tous les échantillons de tissus proviennent de la collection personnelle de l'auteure, mais représentent des étoffes que l'on peut retrouver chez Ian Mankin, Hornsby Interiors, Harlequin Fabrics, Romo Fabrics, Jane Churchill, Warris Vianni, The Cloth Shop, John Lewis et la Designers Guild entre autres.

Photos

Couverture : *principal :* p. 101
 secondaires : p. 144, 135, 34, 30
Quatrième : p. 42, 24
2 Villa Nova/Romo Fabrics
6–7 Kobe
8 *en bas, à gauche* Corbis/
 Christophe Boisivieux
9 *haut* Getty Images/The Bridgeman Art
 Library ; *bas* Art Archive
10 *haut* Andreas von Einsiedel/Architectes :
 Guard, Tillman, Pollock Ltée ; *bas*
 Country Curtains
11 Volet roulant en tissu solaire réfléchissant
 de modèle « Ambiance » de chez eclectics
12 Andreas von Einsiedel/styliste : Candy
 & Candy
13 *à gauche* Blendworth ; *à droite* Villa Nova/
 Romo Fabrics
14 Villa Nova/Romo Fabrics
22–23 Grant Govier/Redcover.com
24 Andreas von Einsiedel/styliste : Michael
 Reeves ; échantillons de stores Sunflex

25 Warwick Fabrics
26 Blendworth
27 Graham Atkins-Hughes/Redcover.com
28 Graham Atkins-Hughes/Redcover.com
29 Graham Atkins-Hughes/Redcover.com ;
 anneaux de rideaux The Bradley Collection
30 Warwick Fabrics
31 Andreas von Einsiedel/styliste : Ernest
 de la Torre ; *barres* Integra Products
32 Alhambra
33 Andreas von Einsiedel/styliste :
 Rose Uniacke
34 The Bradley Collection
35 Andreas von Einsiedel/styliste : Luz Vargas
 Architects
36 Warwick Fabrics
37 Stores de modèle Silhouette® *de chez*
 Hunter Douglas
38 Dan Duchars/Redcover.com
39 Stores translucides de modèle Luminette®
 de chez Hunter Douglas
40–41 Alhambra
42 Stores de modèle Silhouette® *de chez*

Hunter Douglas ; embrasses de chez Price
 & Co.
43 Calico Corners
44 Andreas von Einsiedel/styliste : Annie
 Constantine
45 Calico Corners
46 Martyn O'Kelly/Redcover.com
47 Henry Wilson/Redcover.com ; patères
 Country Curtains
48 Calico Corners ; barres Integra Products
49 Christopher Drake/Redcover.com/
 architecte/styliste : Philip Wagner ; embouts
 Integra Products
50 Calico Corners ; barres 1 & 3 Hunter &
 Hyland ; barre 2 Integra Products
51 Redcover.com
52 Andreas von Einsiedel/styliste : Charles
 Style ; patère Integra Products
53 Rob Marmion/Fotolia.com ; patères
 Büsche
54 Andreas von Einsiedel/styliste : Homeira
 Pour-Heidari

55 Stores en bois de modèle Country Woods® Exposé™ de chez Hunter Douglas ; barres Integra Products
56 Henry Wilson/Redcover.com
57 Kobe
58 Andreas von Einsiedel/styliste : Alison Henry ; glands Sevinch (Michael Deman)
59 Andreas von Einsiedel/styliste : John Simpson
60–61 Andreas von Einsiedel/styliste : Smiros & Smiros Architects
62 Integra Products ; embrasses tressées Country Curtains
63 Mike Daines/Redcover.com
64 Alhambra
65 Stores verticaux sur mesure de la collection Somner® de chez Hunter Douglas
66 Andreas von Einsiedel/styliste : Sue Timney
67 Integra Products ; barres Sunflex
68 Paul Massey/Redcover.com
69 Andreas von Einsiedel/styliste : Andrew McAlpine
70 Verity Welstead/Redcover.com
71 Guglielmo Galvin/Redcover.com
72 Villa Nova/Romo Fabrics
73 Stores en bois de modèle Chalet Woods® de chez Hunter Douglas ; embouts Integra Products
74 Anthony Harrison/Redcover.com
75 Prestigious Textiles ; franges 1 & 2 Price & Co ; frange 3 Newark Dressmaker
76–77 Chris Drake/Redcover.com
78 Amanda Turner/Redcover.com
79 Country Curtains
80 Blendworth
81 Dan Duchars/Redcover.com ; embrasse Country Curtains
82 Stroheim & Romann
83 Country Curtains ; barres Integra Products
84 Calico Corners
85 Country Curtains
86 Marcus Wilson-Smith/Redcover.com/ styliste : Moussie Sayer
87 Villa Nova/Romo Fabrics ; broches Country Curtains
88 Stroheim & Romann
89 Stores verticaux souples de modèle Cadence® de chez Hunter Douglas
90 Christopher Drake/Redcover.com/ architecte/styliste : Philip Wagner

91 Christopher Drake/Redcover ; pince Country Curtains
92–93 Calico Corners
94 Country Curtains
95 Country Curtains ; patère pour drapé 1 Jones & Co ; patères pour drapé 2 & 3 Integra Products
96 Alhambra
97 Kobe ; embouts The Bradley Collection
98 Country Curtains
99 Villa Nova/Romo Fabrics ; barres Integra Products
100 Alhambra
101 Andreas von Einsiedel/styliste : Catherine Warren ; barres Jim Lawrence
102 Stores en nid d'abeilles de modèle Duette® de chez Hunter Douglas
103 Andreas von Einsiedel/styliste : Kenyon Kramer ; barres Hunter & Hyland
104 Stores Silhouette® de chez Hunter Douglas
105 Stores translucides de modèle Luminette® de chez Hunter Douglas ; échantillons de stores Sunflex
106 Andreas von Einsiedel/styliste : Tom Newby
107 Andreas von Einsiedel/styliste : Robert Boswell ; glands Flecotex
108 Jim Lawrence
109 Jim Lawrence
110 Globaltex
111 Simon McBride/Redcover.com
112–113 Stores en bois alternatifs de la collection The EverWood® de chez Hunter Douglas
114 Prestigious Textiles ; embouts The Bradley Collection
115 Stores en bois tissé de modèle Provenance® de chez Hunter Douglas
116 Stroheim & Romann ; barres Büsche
117 Stores de modèle Silhouette® de chez Hunter Douglas
118 Blendworth
119 Graham Atkins-Hughes/Redcover.com
120 Volets roulants de modèle Remembrance® de chez Hunter Douglas
121 Villa Nova/Romo Fabrics
122 Prestigious Textiles
123 Prestigious Textiles
124 Blendworth
125 Alhambra ; embouts The Bradley Collection

126–127 Marcus Wilson-Smith/Redcover. com
128 Andreas von Einsiedel/styliste : Lia Martinucci ; barres Hunter & Hyland
129 Stores en bois de modèle Country Woods® Exposé™ de chez Hunter Douglas
130 Andreas von Einsiedel/styliste : Sallie Jeeves ; barres Hunter & Hyland
131 Kobe
132 Warwick Fabrics
133 Andreas von Einsiedel/styliste : Carolinda Tolstoy
134 Andreas von Einsiedel/styliste : Hudson Featherstone Architects ; tiges à rideaux The Bradley Collection
135 Stores bateaux modernes de modèle Vignette® de chez Hunter Douglas
136 Mark Bolton/Redcover.com ; barres Jim Lawrence
137 Stores en bois de modèle Country Woods® Exposé™ de chez Hunter Douglas
138 Stores en nid d'abeilles de modèle Duette® de chez Hunter Douglas
139 Mel Yates/Redcover.com ; crochets & attaches Hunter & Hyland
140–141 Stores bateaux modernes de modèle Vignette® de chez Hunter Douglas
142 Alhambra
143 Winfried Heinze/Redcover.com ; barre recourbée The Bradley Collection
144 Stores de modèle Silhouette® de chez Hunter Douglas
145 Dan Duchars/Redcover.com
146 Verity Welstead/Redcover.com
147 Calico Corners
148 Stores en nid d'abeilles de modèle Applause® de chez Hunter Douglas
149 Robin Matthews/Redcover.com ; embrasses Sunflex
150 Alun Callender/Redcover.com
151 Johnny Bouchier/Redcover.com
152 Stores en nid d'abeilles de modèle Applause® de chez Hunter Douglas
153 Johnny Bouchier/Redcover.com ; Hunter & Hyland
154–179 Illustrations de Mark Franklin d'après des originaux d'Elsa Godfry

Les autres illustrations sont d'Ana Maria